JN276533

〈政府〉の役割を
経済学から問う

大西 潤 編著

法律文化社

はじめに

【本書の目的】

われわれの生活に欠かせない「政府」。しかしながら、その実態、マスコミが伝える政府の内情は目を覆わんばかりです。長く続いた自民党から、やっと政権交代しても相変わらずひどい。東日本大震災への対応を見ても、不信感はいや増すばかりです。

一方、市場経済が発達した現在、こんな政府なんか存在しなくても、グローバル経済の中で欲しいものを世界中から買っていれば、生きていけるような気がします。むしろ無用な関税のせいで、高い商品を買わされているのではないか。TPP で外国のものが安くなるなら良いんじゃない？

そうはいっても、領土問題、防犯や治安、災害の救援などを考えると、政府に頼らなければならない気もします。国民の政府に対する感覚は揺れ動いています。

そもそも政府って、何のために存在するの？ 公務員を食べさせるため？ 役所から既得権益をもらっている人たちのため？ 政府の役割って何だろう？ そうした「政府」のあり方を考える学問分野が政治学です。

中学や高校の教科書にも出てきたように、「政府」が存在する理由についての主張は、政府が存在しなければ「万人の万人に対する闘争」になってしまうと唱えたホッブスの『リヴァイアサン』(1561)に始まります。その後、イギリスやフランスの革命、アメリカ独立と続く時代に、市民社会の科学として発展し、ロックなどがさまざまに政治思想を論じ、ルソーの『社会契約論』(1762)など多くの主張がなされました。

このような政治学から始まった社会科学の中では、経済問題は些末な事象であって、アダム・スミスの『国富論』(1776)までは独立した学問対象と見なされていませんでした。日本の「政府」、政治の現場でも、東洋的伝統もあっ

て、法科万能主義であり、法学部を出たエリートたちが政策を立案しています。

　ところが今日では、国際政治のほとんどが経済問題です。ほとんどの国の外交使節には民間の経済団体代表が含まれています。アメリカにせよヨーロッパにせよ、経済問題が政治を動かしているといっても過言ではありません。EUもまず経済的に統合した後、政治的にゆるやかなまとまりとなっているように、経済のほうが重要になっています。そしてギリシャに端を発した今日の世界的経済不安のように、ある国の経済状況が、他国の財政支援をするかどうかという政治問題になっています。

　社会科学でも、「市場原理主義」(この言葉は厳密ではありませんが)の手法で政府や法律を分析しようという経済学の動きが盛んです。政治学からは経済学帝国主義と批判されながらも、その理論的シンプルさ、数理的厳密さを借用する政治学論文も増えています。

　上述のように日本の政治を牛耳っている法学部を出たエリートたちは一般論として、経済学は教養科目、選択科目として学ぶことはあっても、主たる知識として体系だって身につけることはありません。そうした素地のエリートたちによって舵取られている「政府」が、経済主体のグローバリゼーションの流れの中で立ち行かなくなっているのが、日本の現状ではないでしょうか。

　本書の狙いは、近代経済学をベースに、日本の「政府」の役割を読み解き直すことです。上記のような「経済学帝国主義」に立つのではなく、市場経済の中の「政府」について、主として経済学的な観点から役割、実像、課題、市民の政治的参加のあり方を考えるきっかけとなれば幸いです。

　【本書における「政府」と「国家」】
　さて確認のために、高校の政経の教科書を復習しておきます。本書で取り上げる「国家」とは、いわゆる「近代国家」のことです。歴史的な王朝のことではなく、17世紀半ばくらいから概念化したもので、「国民国家」と同じものだと考えてください。この「国家」とはどういうものかというと、「統治や支配

を専門とする組織を有する社会」と定義されます。そして、この「統治や支配を専門とする組織」が、「政府」です。

　政府がある社会が国家で、国家の統治や支配を行う組織が政府である、というのでは堂々巡りですが、大きく違う点があります。国家を構成するのは領土と国民、そして主権であって、最後の主権を行使する主体的な組織が政府です。ですから、たとえば選挙によって政権が交代する、あるいは近年のアラブ諸国で見られるように政府機構そのものが新しい組織に取って代わる、このように政府が変化することはありますが、国家が変わることは、戦争か何かが起こらなければ、ありえません（ベルギーのように解体しそうな国もありますし、将来的には国家が解体していくかもしれませんが）。

　また、政府は、行政部門（いわゆる霞ヶ関）のみか、立法すなわち国会府、司法すなわち裁判所を含むかというふうに捉え方には幅があります。狭義の政府という場合には行政部門である官庁の部分、いわゆる「お役所」だけで、国会と裁判所は含みません。広義の政府の場合は国会や裁判所も含みます。もう1つ、中央政府のみか地方政府も含むのかという違いもあります。日本でいうと国家政府、霞ヶ関のみか、都道府県や市町村も入れるのか、です。

　実際に政府について語るときには、シチュエーションによって使い分けています。たとえば財政というものを見る場合、どの範囲を見るのかによって考え方が変わります。特に国際比較をしようというときには、国によって社会保障の制度が異なりますから、それぞれどの範囲を比較するのかを明確にしなければなりません。本書で経済学的な分析を行っている「政府」の対象範囲は、第1章の後ろに解説を付けています。

【本書の概要】
　本書の内容は、2011年5月18日から6月15日まで開講された、新潟大学公開講座「これからの『政府』の話をしよう」の講義内容を収録したものです。
　各章の概要は、次のとおりです。第1章「市場と政府の役割を考える」では、政府に求められてきた役割はその時その時の時代背景や市場経済の捉え方に

よって異なります。経済学はどのように政府を捉えてきたかを概観します。経済学的観点で政府を考える際に必要な前提知識を講じるのが目的です。

第**2**章「政府は破綻するのか」では、国と地方の財政は危機に瀕しているといわれていますが、実態はどれほど良くないのか、本当に破綻するのでしょうか。他国と比較しながら考えます。破綻状態にあるギリシャなどの国と較べ、日本の今後はどうなのかを検討します。

第**3**章「公共事業を仕分ける」では、現在の日本の公共事業が抱える課題を明らかにしつつ、経済学の視点から公共事業が果たしている役割を改めて考え、今後の公共事業のあるべき姿を考えます。無駄な土木事業というイメージに対し、その実像を明らかにしながら、真に必要な事業とは何かについて検討します。

第**4**章「市民と政府」では、政府は市民から委託されて業務を行っており、対等な関係のはずです。が、なぜ「お上」意識が抜けないのか、これからの関係はどうあるべきか考えます。市民とは政府に反対する人たち、という先入観の理由と、現状について議論します。

第**5**章「政権交代論」では、2009年8月の総選挙の結果、劇的な政権交代が起こりました。このことを政治改革の果実であるとして賞賛する向きもあります。しかし、本当にこれで良かったのでしょうか。政治改革を振り返りながら考えます。このところ志向されてきた二大政党制を中心に、背景や他国の状況などを講じます。

なお、本書の刊行に際しては、新潟大学経済学会より出版助成を受けました。ここに記して謝意とします。

2012年1月

編 著 者

目　　次

はじめに

第1章　市場と政府の役割を考える ────── 長谷川雪子　1

1　市場メカニズムとその限界 …………………………………… 1
　　1.1　政府の規模（1）　1.2　市場メカニズムとはどういうものか？（4）　1.3　市場が解決できないこと（6）

2　政府の役割とは ………………………………………………… 9
　　2.1　資源配分上の機能（9）　2.2　所得分配上の機能（10）
　　2.3　安定化機能（11）　2.4　動学最適化機能（12）

3　政府に求められる役割の推移 ………………………………… 15
　　3.1　重商主義（15）　3.2　夜警国家論（16）　3.3　ケインズ主義（17）　3.4　ケインズ主義批判（18）
　　3.5　政府の失敗（20）　3.6　政府に求められることとは（22）

　■解説：「一般政府」とは何か（本書でいう政府とは何を指すか） …… 25

第2章　政府は破綻するのか ────── 鷲見英司　29

1　はじめに ………………………………………………………… 29

2　民主党政権の財政運営 ………………………………………… 30
　　2.1　財政運営戦略（30）　2.2　政府による財源不足の試算（31）

3　プライマリーバランスとは何か ……………………………… 32
　　3.1　プライマリーバランスの見方（32）　3.2　プライマ

リーバランスの均衡が意味すること（34）　3.3　経済規模と政府債務残高（35）
4　日本政府の危機的財政状況……………………………………………38
5　なぜ日本の財政危機は表面化しないのか………………………………43
　　　　　5.1　国債市場の需要と供給（44）　5.2　実際の国債市場はどうなっているのか（45）　5.3　ヨーロッパと日本の経済環境の違い（46）　5.4　日本の国債を買うのは誰か（49）
6　財政破綻は起こるのか…………………………………………………52
　　　　　6.1　破綻が起こる背景（52）　6.2　財政再建規模のシミュレーション（54）
7　お わ り に………………………………………………………………56
■解説：政府の財政状況を純債務で捉えるのは正しいか……………………59

第3章　公共事業を仕分ける ―――――――――― 中東雅樹　61

1　は じ め に………………………………………………………………61
2　データから見る公共事業………………………………………………62
　　　　　2.1　公共投資の規模（62）　2.2　地域経済への影響（63）　2.3　国債の新規発行額と発行残高（64）
3　政府による資源の利用…………………………………………………66
　　　　　3.1　経済的機能から見た政府の存在意義（66）　3.2　公共事業は何を供給しているのか？（66）　3.3　社会資本サービスと一般的な商品の違い（67）　3.4　社会資本サービスの供給主体（68）　3.5　公共事業における費用と経済的利益の発生タイミング（70）　3.6　受益と負担のバランスの問題（71）
4　公共事業はどのように評価されているか………………………………73
　　　　　4.1　短期的な経済効果と長期的な経済効果（74）　4.2　費用と経済的利益が見合っているか（76）　4.3　ストック額からの評価（78）

5 これからの公共事業 ………………………………………… 81
　　5.1 過疎化・高齢化と公共事業(82)　5.2 純資本ストックと公債残高(84)　5.3 公共事業における行政の役割(84)

第4章　市民と政府 ─────────────── 澤村　明 87

1 国家とは何か ……………………………………………… 87
　　1.1 「国家」、近代国家(88)　1.2 「政府」とは何か(89)
2 市　　　民 ………………………………………………… 92
　　2.1 歴史用語としての市民(92)　2.2 理想としての市民(93)　2.3 「市民」という言葉の変化(94)　2.4 日本の市民運動(99)　2.5 市民という言葉の使われ方(101)　2.6 市民運動から市民活動、NPO へ(103)　2.7 市民と「サヨク」(105)　2.8 新聞の市民好き、ウヨク嫌い(106)　2.9 市民は社会を動かせるのか(108)　2.10 プロ市民論(109)　2.11 右左より独立自尊(110)　2.12 地方から(112)

第5章　政権交代論 ─────────────── 大西　潤 117

1 選 挙 制 度 ………………………………………………… 117
　　1.1 代表民主主義と選挙(118)　1.2 選挙制度と政党政治(122)
2 政 治 改 革 ………………………………………………… 123
　　2.1 選挙制度審議会の答申(123)　2.2 与野党の取り組み(125)　2.3 選挙制度改革のあり方(126)
3 二大政党化と政党政治 …………………………………… 129
　　3.1 政党の役割と機能(129)　3.2 政党組織(131)　3.3 二大政党化の問題点(132)　3.4 日本政治の問題状況(135)

	4	民主主義の2つのモデル ………………………………………	138
	5	おわりに──選挙制度改革に関する若干の補足 ……………	140

索　　引
執筆者紹介

第1章　市場と政府の役割を考える

長谷川　雪子

1　市場メカニズムとその限界

　5回の講座の初回は、どちらかというと財政学の基本のお話をします。現在の日本を含め、多くの国は混合経済です。混合経済とは、民間部門と公共部門が混在している経済のことです。なぜ、民間のみではいけないのでしょうか。また公共部門にすべて任せるわけにいかないのはなぜでしょう。何のために政府は必要とされるのでしょうか。考え方は歴史の流れによって変化しています。それと関連付けながら、市場メカニズムの役割とその限界、政府の役割とその限界をそれぞれ概観していこうと思います。

　ただ、今日の話が必要なのだろうかと悩むところもあります。東日本大震災があり、その中で政府の役割、政府がどういうことをしなきゃいけないかということは、皆さんはおわかりになっています。と同時に、どうも今の政府は何かまずいということも、おわかりになっているはずだと思うのです。

　そうしたことを踏まえて、じゃあ今の政府はどういう所がおかしいのかを考えるための材料として、経済学ではどう捉えてきたのかという話をしていきたいと思っております。

1.1　政府の規模

　まず、今の日本の政府の大きさを見るところから始めましょう。政府はいろいろと無駄が多いといわれていますが、実際のところはどうなのでしょうか。
　図1-1はOECDが示した2006年におけるGDPに占める先進諸国の一般政

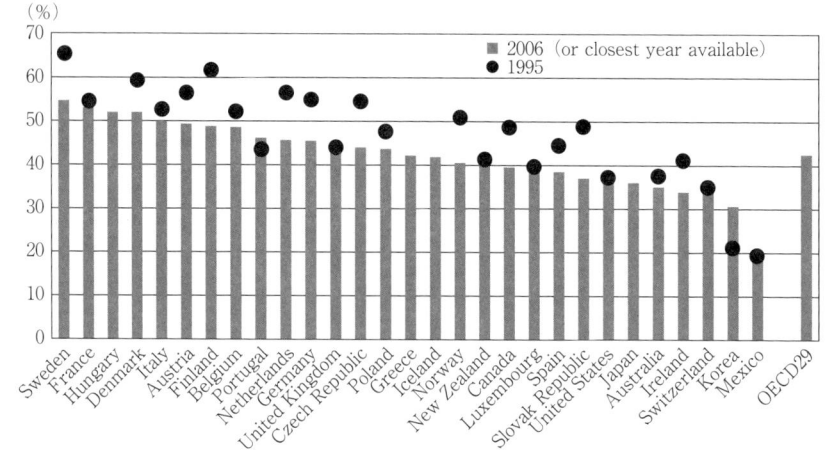

図1-1　一般政府支出対GDP比の国際比較

出典：OECD, Economic Outlook 88.

府（国と地方の政府の総称）の割合です。一般政府の定義についての詳細は、**解説**（25頁）をご覧ください。左からスウェーデン、フランス、ハンガリー……と並んでおりまして、日本は右から6番目、GDPに占める割合は37〜38％くらいになっています。これは国際的に見て決して高いほうではありません。高い割合の国々は数多くあります。具体的にはヨーロッパの国々では、日本より大きな政府を抱えています。

ただ、図中の黒ポチに注意してください。これは1995年の値を示しています。日本はデータが欠損していて黒ポチがないのですが、他の国を見ていただきたい。ほとんどの国が、1995年の値よりも2006年度の値が低くなっています。つまり、大きな政府を抱えているヨーロッパ諸国も、1990年代に比べるとその割合が抑えられています。政府のスリム化の動きが見られたことがうかがえます。

日本は逆に上がっていると考えられます。GDPはほとんど伸びていない一方で、政府の支出規模は増えています。政府の規模を圧縮するのがあまりうまくいっていない状態かもしれません。

次に、雇用から政府の規模を見てみましょう。図1-2は、労働力人口の中

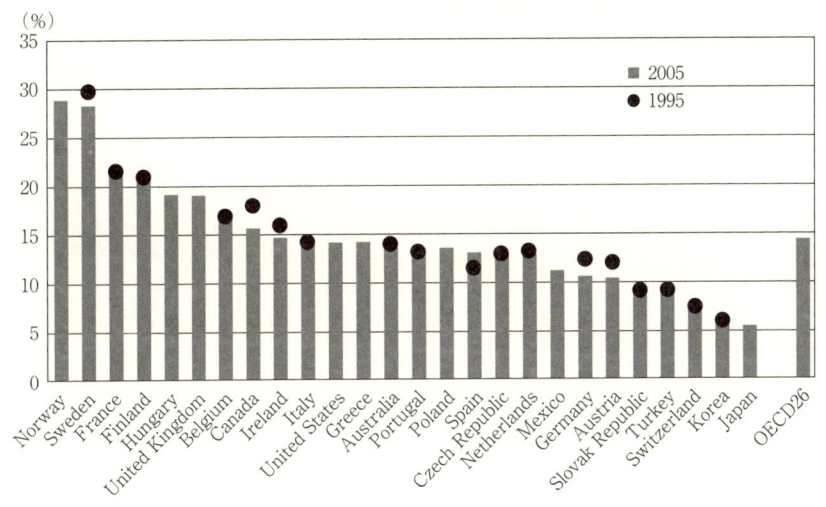

図1-2 政府における雇用の労働力人口に占める割合

(%)

出典：OECD, Economic Outlook 88.

で一般政府に雇用されている人の割合を示したものです。他の先進諸国ではかなり多くの割合が政府に雇用されていますが、日本の割合は23カ国中23番目で、意外と少ないということがわかります。

　以上の結果から考えますと、先進国の中では日本の政府の規模はそう大きいわけではありません。アメリカよりは大きい。でもヨーロッパよりは小さいといっていいでしょう。

　もちろんこれだけで政府の規模を測っていいのかということに関してはさまざまな議論があります。

　たとえば規制です。どのくらい政府が民間に介入しているかというところまで考慮すると、政府はいろいろな所で規制をかけている可能性があります。それは上の2つの図には表れませんが、より公的な部門が介入している規制された経済だということができます。

　その意味では少し注意が必要ですが、以上の資料を見る限りは、日本の政府の規模はそう大きくはないということをまず認識したいと思います。ここから

ちょっと難しいお話になります。

1.2 市場メカニズムとはどういうものか？

なぜ政府は必要とされるのかを考えるには、市場メカニズムの話をしなければいけません。

経済学の中では市場が非常に重要だといわれています。簡単にいうと、市場とはものを売買する場所です。財やサービス、労働力などでも構いません、何か財やサービスなどを売買する場所を抽象的に市場と呼びます。その経済学の中では、完全競争という条件のもとでは、市場メカニズムがとてもパワフルなものであり、経済効率性をもたらすといっているのが、厚生経済学の第一定理、第二定理と呼ばれているものです。

Ⅰ 厚生経済学の第一定理：完全競争均衡においては、パレート最適な資源配分が達成される。

Ⅱ 厚生経済学の第二定理：任意のパレート最適な配分は完全競争均衡で実現可能である。

これだけではなんのことやらさっぱりわかりませんから、詳しく説明していきましょう。

第一定理に「パレート最適な資源配分が達成される」とありますが、「パレート最適」とは何でしょうか。

パレート最適とは、他の誰かの状態を悪化させることなしには、誰かの状態を改善できない状態をいいます。これ以上皆が一緒に幸せになれるような選択肢はもうないという状態です。

第一定理は、もし市場に任せていれば、市場で得られたゴール、売り買いした結果はもうこれ以上改善の余地のない状態が実現できるという意味です。

たとえば、農家の人が大根を100本持っているとします。一方、魚を100匹持っている漁師の人がいます。2人がこのまま生活していたら、農夫は大根100本

だけを食べていかなければならないし、漁師は魚100匹だけを食べていかなければなりません。それはそれで食べられるし嬉しいのですが、まだ改善の余地があるのではないでしょうか。そこで、お互いに交換してみます。1対1で交換して、漁師は魚を40匹あげてかわりに大根を40本もらい、農夫は大根を40本あげてかわりに魚40匹もらいました。その結果2人とも大根も魚も食べられるようになって、煮物を作ってもいいし、お互いが前より幸せになります。

この場合、持っていたものを交換することによってお互いの満足度を上げました。最初の状態、農夫が大根100本、漁師が魚100匹を持っている状態はパレート最適ではありません。なぜかというと、交換することによってお互いの満足度が上がったからです。市場経済はこれが可能です。ちなみに、経済学では満足度が上がることを「効用が上がる」という言い方をします。今のたとえは物々交換でしたが、市場経済では、この2人が直接的に交換する必要はありません。漁師は魚を売った代金で、この農夫からでもいいし他の人からでもいい、大根を買ってくればいいのです。農夫も大根を売った金で魚を買えば、交換してくれる相手を探す手間もなく、自分がほしい財を手に入れてお互いが嬉しいということになります。

このように、売買することによって、お互いの満足度を上げることができるのです。次に、先に述べたパレート最適とはどういうことなのか上のたとえを使って説明してみましょう。今度は、交換した後の状態を前提条件とします。漁師は大根40本、魚60匹を持っています。農夫は大根60本、魚40匹を持っています。ここでまた、交換することを考えてみましょう。

農夫はあと1本大根をあげて魚1匹をもらっても良いと思っている一方、漁師は、もう大根はいらない、と思っています。漁師は大根40本、魚60匹持っているのが一番良い状態で、これ以上交換をしても今以上の満足は得られないと思っているとしましょう。

そうすると、どんな方法をとったとしても、漁師の嬉しさは下がってしまいます。言い換えると漁師の効用は下がります。ということは、今の状態がベストだということになります。これがパレート最適です。

市場メカニズムに任せると、いろいろ売買した結果このパレート最適という状態が成り立つ、というのが、厚生経済学の第一定理です。ある価格のもとで、買い手は自分の満足度が最大になるように購入する量を決め、売り手は自分の利益が一番大きくなるように販売量を決める。売買の量が合わない場合には、価格が上下動することによって調整が図られます。その結果、これ以上改善の余地がない効率的な状態が実現できるということになるのです。

　第二定理は、パレート最適な状態、言い換えると経済効率的な状態は１つではなく、無数のパターンがあるのですが、そのどれもが、市場に任せておくと実現可能だということを示しています。それが、どういう意味をもつのかといいますと、たとえば、市場で決まった均衡が効率的であったとしても、実は厚生上は望ましくないということもあります。

　たとえば、ある国では、一部の富豪が95％以上を占める莫大な財産を持っていて、残りの５％を庶民が持っているとしましょう。このような場合でも、これが市場メカニズムによって達成されるパレート最適の状態として経済効率上は望ましい状況といえるわけです。

　しかし、それだからといって、市場経済を全否定するわけではありません。後の政府の役割と関連してくるのですが、再分配を何らかの形で行ってやることができれば、後は市場メカニズムに従えば、厚生上も良いパレート最適の状態が実現できるということです。

1.3　市場が解決できないこと

　パレート最適は効率的な、無駄遣いがない状態です。前節で述べた定理は、自分の嬉しさに基づいて、自分の利益追求、満足度追求のために利己的に売り買いしていても効率的に資源が使われる良い状態になる市場経済の有用性を示した定理であり、市場メカニズムが存在しないところで達成するのは難しいといわれています。

　しかしながら、あくまでも定理であり、さまざまな仮定でのもとでのみ成立するものであります。具体的には、「完全競争経済において」という前提があ

るのですが、この完全競争経済が成立するのは、実際には困難なのです。

いくつか、「完全競争経済」では捉えられないものを紹介していきましょう。たとえば、第1に、完全競争経済ではある財を生産・供給する企業は無数に存在し、それぞれの企業が価格支配力を持たない、価格支配力のある独占企業はないという前提があります。でも実際には存在します。電力会社、ガス会社、鉄道会社、水道もそうかもしれません。大企業は、たいていの場合他に供給者がいないので、ある程度価格をコントロールすることが可能です。そういう企業は価格を釣り上げて儲けようとするかもしれません。そういうことが起きたら消費者は高い価格に苦しむことになります。

2つ目は、公害、騒音、環境破壊等の問題をはじめとする、経済活動を通して同時に発生する市場を通さない効果が存在してしまうことです。これらは、外部効果と呼ばれます。公害等は周囲に負の影響を及ぼす外部効果ですが、景観等のように周囲に正の影響を及ぼす外部効果もあります。

この外部効果は市場経済に任せておいたら放置されてしまい、負の効果は過剰に生産されてしまうこと、正の効果は過少に生産されてしまうことがわかっています。たとえば今の中国などでは急速な市場経済化が進んで発展していますが、同時に市場で売り買いされない大気汚染・水質汚染等の負の影響が溢れてきています。このような市場で売り買いされない正・負の影響について先ほどの定理では想定していないのです。

3つ目は、公共財と呼ばれるものです。公共財とは、普通の財とは異なり、非競合性・非排除性という性質を持つ財のことです。非競合性とは、ある人がその財を消費した場合でも、他の人が同じ財を消費することを妨げない性質のことです。たとえば、映画などは多人数で同時に楽しむことが可能です。非排除性とは、対価を払わない人の消費を妨げることができない性質のことです。このような性質を持つ財は民間で供給するのが困難であることが知られています。たとえば、道路や公園などを考えてみましょう。高速道路は全部囲って料金を取りますが、すべての道路に囲いを作って料金を取るのは不可能です。広大な公園もわざわざ囲うことによって膨大なコストがかかります。しかし、囲

いなしにすると皆が自由に入ってしまいますから商売になりません。儲からなければ企業は作りません。本当はあったほうが良いのに、儲からないから作らない、供給されないものが出てきてしまいます。

　4つ目が保険です。将来のすべてを予測できるわけではありません。何が起こるかわかりません。ですから皆さんは、たとえば事故に遭った時とか病気になった時のために保険に入ります。しかし現実には、保険は起こりうるリスクすべてには対応できていません。地震保険にしてもすべてカバーされるわけではありません。たとえば、そもそも原子力発電所の事故に対応した保険などは一般的には用意されていませんでした。では、原子力発電所の事故によって被害を受けた人々はどうすればいいのでしょうか。また、生まれてくる赤ちゃんは親を選べませんが、生まれた家が金持ちだったり恵まれない家庭だったりという格差があります。そのリスクを防ぐために保険があるかといえば、ないわけです。

　運に対する保険はありません。実際、たとえば不運な目に遭った人がそのまま泣き寝入りする可能性もあります。つまり、市場では、必要なありとあらゆる財・サービスが用意されているわけではなく、市場で用意されていないものに関しては、結局、効用を最大化することができないし、社会的にも望ましい状態を実現することができないのです。

　5つ目として、完全競争市場均衡が成り立つための条件としては、情報が完全でなくてはならないというものがあります。1つの例として、商品の質について考えてみましょう。完全情報とは、消費者が、商品がどういうもので、生産者がどういう人でと、商品のことが全部わかっている状態を示します。しかしながら、実際にはわからないことが数多くあります。少し前に焼肉店の食中毒事件がありました。まさかユッケに生食用ではない肉が使われていて、しかもいい加減な消毒で出されていたとは、消費者にはわかるはずもありません。だとすると、本当に被害に遭ったり、騙されたりということもあります。このように、売り手と買い手が保有する情報に差があることを情報の非対称性といいます。

一般的に情報の非対称性が存在するとき、市場のみに任せておくと良い結果が得られません。買い手が騙される場合もあるでしょうし、買い手側も商品の質が悪い場合があることを把握した場合、その商品を購入することをためらうようになるでしょう。この場合、善良な売り手が質の高い商品を用意した場合でも売れず、市場が縮小してしまう、もしくはその商品の取引がなくなってしまう場合があるかもしれません。

最後に、そもそも市場メカニズムがうまく機能しない場合があります。いわゆる不況のときの状態です。さまざまな理由からものが売れない、人がものを買ってくれない状況になったとき、市場メカニズムがきちんと働いているのであれば、価格などが速やかに動いて、ものが売れ、不況もすぐに解消されるはずなのですが、現実にはなかなかそうはいかないわけです。その時に放置しておくと、不況が長引くということが起こります。

2　政府の役割とは

前節で挙げたとおり、市場に任せておくと、うまくいかない場合があります。これらを市場の失敗と呼びます。この市場の限界を補うものとして政府の必要性が出てくるのです。

政府は具体的に何をすれば良いのでしょうか。その時の時代背景等によってさまざまな議論があります。積極的に介入すべきという考え方から、逆に政府が介入したら悪くするだけという考え方まで、相当に幅があります。

ただ、経済の状態を良くするためには、多少は何かをしなければいけません。政府の役割は3つ、ないし4つあるといわれています。財政学では主に3つなのですが、今回私が参考にしている井堀利宏先生の定義からもう1つ加えて4つ紹介したいと思います。

2.1　資源配分上の機能

政府の役割の1つ目が、資源配分上の機能と呼ばれるものです。これは何か

といいますと、市場に任せていたらうまくいかないこと、すなわち市場の失敗といわれることが前節で紹介したとおり、多く存在しています。独占企業が価格を釣り上げるかもしれない、公害や騒音を放置することになる、道路や橋が作れないかもしれない、将来に関してはそもそも市場が存在しない、等が挙げられます。また、情報の非対称性があるときには詐欺まがいの取引が行われ、市場が縮小してしまうかもしれません。

　市場メカニズムがうまく働かない場合には、政府が積極的に介入してなんとかするわけです。まず、独占企業が存在する場合、独占価格のような高い価格をつけさせないためには、ある程度政府の介入が必要になるわけです。たとえば電気料金や水道料金等が挙げられます。

　また、公害、騒音、温暖化などの負の外部効果が発生する場合には、政府が積極的に介入します。具体的には条例等で実際に騒音や排出ガス等に規制をかける場合もありますし、または良くないものを排出する企業に対して税金などを課す。逆に、正の外部効果が存在するものには、補助金を出して促進することも考えられます。さまざまな方法がありますけれども、政府の介入を通して、それを適正な量にコントロールするのです。

　民間の保険ではカバーできないものや、道路や橋、公園、国防などの公共財は政府が供給します。民間に任せていたら適正に供給できないものに関しては、政府が介入するわけです。

　また、情報の非対称性が存在するために、市場が縮小してしまうのを防ぐためには、政府が規制をして情報を明らかにさせる。基準をクリアしなきゃいけないよ、などの措置をとって、安心して売買ができるようにしましょうというものがあります。

2.2　所得分配上の機能

　2つ目は、再配分機能と呼ばれるものです。先の厚生経済学の第二定理でも触れましたが、市場に任せてパレート最適な状態が達成されたとしても解決しない問題があります。公正の問題です。パレート最適なら無駄遣いをしない効

率的な状態ですが、ただ、公正については何も保証していません。

　つまり、誰がどれだけ財産を持っているのか、誰がリッチで誰が貧しいのかという状況について、それが良いのか悪いのかということに関しては、市場メカニズムのみでは何ともなりません。市場メカニズムに任せるだけでは不公正の問題は解決されず、破綻が来ます。労働者は搾取されているという話になるのです。一部の金持ちが財産をほとんど持っていて、残りのわずかの資産を他の多くの人たちが持っている状況は、公正、正義の面からみてやはりおかしい。

　何が公正かは難しい問題です。なぜ難問なのかというと、人によって価値判断が違うからです。皆が平等なのが良いのか、頑張った人が報われるのが良いのか、考え方はいろいろあります。

　ただ、あまりの不平等はやはり改善されるべきでしょう。また、不運な人は救わなければいけないだろうし、機会の平等という概念があるのですが、自分の努力では何ともならない、生まれながらの不平等は是正されるべきであり、ある程度はスタート地点をそろえる必要があります。そこで適切な所得再分配を行うというのが、大切な政府の役割となります。

　具体的には、歳入面においては、累進税率の適用等を行い、高所得者に高い税負担を求めることが考えられますし、歳出面では、医療保険、年金制度、生活保護などの社会保障制度があてはまります。また、教育も、どんな人も同じレベルのスタート地点に立つという機会の平等の意味では、一種の再分配制度といわれています。

2.3　安定化機能

　3つ目は、安定化機能です。先ほど「市場の失敗」の最後の所でいいましたが、市場がうまく機能しないときには、不況が長続きするかもしれません。政府が経済活動に介入することによって不況を緩和するという役割を、経済安定化機能といいます。

　第二次世界大戦後まもない頃日本は、均衡財政をとっていました。均衡財政は、財政赤字を大量に抱えている現在の日本にとっては素晴らしいことのよう

な気がするかもしれません。

けれども、実は問題がありました。この時期の経済を見ると、揺れが激しいのです。好不況の波がたいへんに激しかった。というのは、均衡財政は経済安定化をうまく達成できないのです。不況時には税収は少なくなります。税収が少ないということは、政府は税収の範囲でのみの支出しかできないですから、政府もものを買えなくなるし、不況対策をすることもできません。逆に好況の時は税収が増えますから、政府が手を出す必要はないことまで色々やってしまうでしょう。政府の活動が大きくなることによって、ますます景気を過熱させます。

均衡財政、つまり終始税収と支出を合わせるようなことをやっていると、経済は好景気不景気の波がたいへん激しくなるのです。それは抑える必要があります。このことは、多少財政赤字を容認する1つの要因になります。

不況の時は、政府支出を増やして景気対策をします。政府が雇用を増やす、政府がものを買う、もしくは減税を行うことによって民間の皆さんにものを買ってもらう、などの政策です。

安定化機能については、どこまで効果があるのか、政府はどこまでやるべきなのか、という点に関して議論があります。積極的に、好景気不景気に合わせて政府の政策を裁量的に変えるべき、という考え方もある一方で、政府は好景気不景気に合わせて何かすることは得策ではないという主張があります。その考え方の中には、政策のタイミングがずれ、景気変動にかえって悪影響を与えることや、そもそも政府の裁量的な政策はせっかくの市場メカニズムの働きに悪影響をもたらすという主張もあります。後ほど、簡単に説明します。

2.4 動学最適化機能

政府の役割について、財政学の教科書に書かれていることを今3つ説明しました。4つ目が、動学最適化機能です。難しい言葉ですが、ここでいっていることはもっともなことです。

市場に任せておいたら、現在の皆さんにとっては良い結果を生むかもしれま

せん。ですが、将来のことまで考慮されているでしょうか？　子世代、孫世代、それ以降の世代を考えた生産や取引をしているのかというと、そうではない可能性があります。

　市場に任せていたら将来世代のことを考慮しない決定をしてしまうような場合には、政府が、将来世代を考慮した政策を行うべきではないでしょうか。たとえば、先ほどの資源配分の所で出てきた地球温暖化の問題もまた、将来世代にとって、たいへん大きな問題になるはずです。あるいは、将来世代も使えるようなインフラの整備も必要でしょう。それから、所得分配上の機能のところでも機会の平等として挙げましたが、将来をしょって立つ子どもたちのためにはきちんとした教育制度が不可欠です。現在の世代だけではなく、将来世代のことも考慮したうえで、最適な資源配分になるように調整を行うのが、動学最適化機能です。

　政府の役割を4つ挙げましたが、おそらく今の日本の政府は、この動学最適化機能が一番達成できていないのかもしれません。教育にかける予算は、日本は先進国の中では非常に低いレベルだといわれています。財政赤字は一番大きいという状況です。財政が破たんするのではないだろうか等は第**2**章で取り上げますが、問題は、今の財政赤字は子どもたちの世代が返さなければならないということです。今のうちに状況を改善して、将来世代の負担を抑えるべきでしょう。だからこそ、これは政府の役割としてあえて挙げる必要があるのかもしれません。

　先に、日本の政府は、欧米と比較すると、米国よりは大きく、ヨーロッパ諸国よりは小さいと説明しました。国民負担率でも確認してみましょう。国民負担率とは、国民所得に対する租税負担と社会保障負担の割合の合計を指します。図1-3を見ると、日本はやはり、米国に比較すると大きいが、ヨーロッパ諸国に比較すると低い水準であることがわかります。

　ただ、1つ注意しなくてはならないのは、財政赤字により負担を将来に先送りしていることが日本の国民負担率が低い一因になっていることです。たとえば、財務省資料によりますと、2008年時点での日本の国民負担率は40.6%です

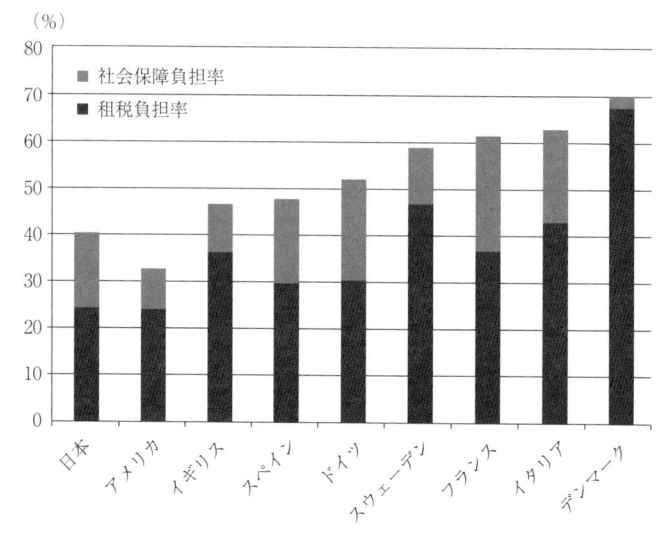

図1-3 国民負担率の国際比較（2008年）

（％）
- 社会保障負担率
- 租税負担率

日本、アメリカ、イギリス、スペイン、ドイツ、スウェーデン、フランス、イタリア、デンマーク

出典：財務省。

　が、財政赤字を考慮した国民負担率は47.3％になります。現在手に入る一番新しい2011年の数値においては、国民負担率は38.8％でありますが、財政赤字も含んだ国民負担率は49.8％にも上昇します。この差額が将来へ負担を先送りしている部分となるわけです。

　以上のことから、政府の大きさを考えるには2つの面を考慮しなくてはならないことがわかります。まず1つは、政府の大きさが妥当かどうかは結局、国民がどのような政府を望んでいるかに依存します。社会保障を充実させたヨーロッパ型だと、おのずと政府の支出規模は大きくなり、いわゆる「大きな政府」が望ましいことになるでしょう。その一方、できるだけ民間によるサービス提供に任せる場合には、民間の活動を阻害しないような「小さい政府」であるべきということになるでしょう。

　もう1つは、受益と負担のバランスが適切かどうかを見る必要があるということです。負担の多少にかかわらず、それに見合うだけの受益が得られるかど

うかがまず、政府の大きさを考える際の大前提となるはずであり、重要になるでしょう。現在の状況をみると、財政赤字の存在により、将来世代の受益と負担のバランスが崩れ、将来世代が負担に見合うだけの受益を得られる機会が損なわれていることがわかります。後の章でも取り上げられますが、改善しなくてはならない緊急性の高い課題といえます。

3 政府に求められる役割の推移

今、政府の役割を4つ挙げました。資源配分機能、所得分配機能、安定化機能、そして動学最適化機能です。

時代の流れとともに、必要とされる役割が変化します。あるいは、この4つの機能はあるとして、その中で具体的にどれだけ政府が介入すればいいのかということは、その時代の状況によって違います。それを簡単ですが見ていきたいと思います。

私は歴史が専門ではありませんので、どこまで遡ればいいのかは悩ましいのですが、通常、アダム・スミスかその前の重商主義あたりから始めることが多いようですので、その辺から話をしていきたいと思います。

3.1 重商主義

政府がある程度経済に関わるようになるのは16世紀後半から17世紀、それから18世紀後半の産業革命が始まる時代である重商主義の頃です。この頃は貿易をしながら国家を豊かにするという時代でした。

重要なのは、国民の視点はこの頃はまだないのです。貨幣を国富と考え、それだけ貿易で、富を形成するかという点を重要視していました。

貿易によって金を蓄積するためには、輸出をして代金をもらわなければなりません。そのために国内産業の保護は行います。ただ、売るけど買いません。国内産業と競合するような商品へは高額の輸入関税をかけるなどして、手元にある金を国外に出さないようにしている状況でした。保護主義政策です。

また、植民地との貿易を通じてできるだけ安く買い叩いてものを手に入れました。この頃は香辛料などが主です。

こうして金を貯め、国富の蓄積を行いました。政府はあくまでも国富の蓄積のためにできるだけ自国に有利な政策を行うことにとどまり、自国の国民にとっての厚生などの視点は育ってはいなかったと考えられます。

3.2 夜警国家論

17世紀後半から、19世紀前半にかけて、産業革命が進行し、生産性が上昇していく状態でした。それをもっと発展させなければなりません。ところが、(外国貿易による) 重商主義の名残で、高い関税をかけるとか、または海外との保護主義的貿易で利益が出るような状況になっていました。つまり政府の政策が貿易で儲けるような構造になっていたため、資本はそちらに回っていました。

生産性が上がって新しい機械を導入する、ということをするのであれば、新しい機械を導入するため、新しい工場を建てるためにこそ資本、お金が回ってほしいわけですが、滞っている状態でした。

アダム・スミスはそれを批判しました。保護主義的な、その下手に歪ませるような政策は実は国のためにならない、そういう制限は取り払って、将来的に発展し、利潤が望めるところにきちんとお金を回す。そのほうが実は経済にとって良い。自分の国を守っているかのような保護主義は、長期的にみると国を守っていない、という指摘を行いました。

これから発展していく産業にお金が回るように、規制などを撤廃し自由にさせ、市場メカニズムに任せる。儲けたい人が自由に生産活動をし、買いたい人が私利私欲に基づいてものを買う、それであっても「神の見えざる手」の働きによって、社会にとってベストな状態になる、というのがアダム・スミスの主張でした。

その主張を汲んで、少しずつ民間部門の活動の制限の撤廃が行われていきました。その撤廃に伴って、実際にお金も儲かる所へきちんと流れ、発展が起きました。

この頃の政府の役割は、市場の活動を妨げるようなものを退けることが主でした。法整備や、国防、個人では整備できない公共土木事業や公共施設の建設など、必要最低限の所は政府が行い、それ以外の所は民間に任せるという考え方です。これは夜警国家論とか、市場に好きにさせるという意味で自由放任主義と呼ばれます。

　注意しないといけないのは、この自由放任主義と呼ばれるものによって、特にイギリスは繁栄し当時一番勢いのある大国になったのですが、同時に帝国主義でもあったことです。「砲艦外交」を展開し、よその国に押しかけていって開港や貿易を迫り、結ぶ条約は不平等なものでした。

　また、植民地政策を展開し、植民地から膨大な利益を得ていました。この頃のイギリスはインドを植民地として持っており、イギリス自体の経済活動は小さかったのですが、植民地政策によって繁栄したわけです。ですから自由放任主義というよりも、自由貿易帝国主義と呼ばれていると書かれている文献もあります。

3.3　ケインズ主義

　その後、19世紀後半ごろから、イギリスでは、資本主義の発展とともにさまざまな社会問題が認識されるようになりました。貧富の差の拡大、また劣悪な労働条件等が挙げられます。この解決のため、イギリスは福祉国家への転換を図ることになります。それにつれ、財政の役割が認識されるようになりました。また、ドイツでは、ヨーロッパ列強に対抗するための経済力・軍事力強化の必要性から、「大きな政府」が存在する、より管理された資本主義に移行していきました。その理論的バックボーンとしての財政学は発達します。代表的なものとしてワグナーの主張した「国家膨張の法則」というものがあります。国の発展に伴い、政府に対するニーズも増えるし、政府の役割も重要性を増す。その結果、支出規模は増大していくというものです。

　また、第一次世界大戦でどの国も傷つき、経済的に混乱しました。ドイツは負けて多額の賠償金を支払う羽目になりました。戦勝国のイギリスやフランス

も、大幅な財政赤字を出しました。

その建て直しの役割も政府に求められるわけで、政府として国全体の経済を考えていく財政の役割がより明確化されます。

それが明らかになったのは、1929年の大恐慌の時です。長期の不況が起こり、大打撃を受けます。失業者が世に溢れ、市場に任せておいてもどうにもなりません。

その結果得られたことは、不況の状態はそのまま放っておいたら駄目だ、政府が積極的に経済に介入することによって不況を緩和してやる必要があるのではないか、ということです。これを理論化したのがケインズであり、後の経済学のフレームワークや政策形成に与えた影響力の大きさから「ケインズ革命」といわれています。ケインズは、経済活動水準は有効需要が決めており、不況期はその有効需要が不足しているため、政府が公共投資等を行い、足りない有効需要を創出することによって経済活動水準を上げるべきであるという主張を行いました。なお、有効需要とは、ただ欲しいというだけの需要ではなく、実際に購買に結びつく需要であると理解してください。このケインズの主張により、政府の役割として、総需要を管理するという新しい考え方が導入されました。ケインズの主張の流れを汲んで、ケインズ経済学がその後発展していきました。

ケインズ的な政策運営が行われ、隆盛を極めたのは1950年代・60年代です。好不況の波に合わせて、不況の時には政府がものを買う、公共投資をする、または減税を行うことによって、好不況の波をできるだけ緩やかにしようという積極的な政策介入を行いました。

同時に再配分の役割も重視されました。さまざまな経済活動に政府が介入し、福祉も充実させる大きな政府が主流になったのです。

3.4 ケインズ主義批判

これは長くは続きませんでした。1970年代の石油ショックをケインズ経済学は解決できない、という問題が出てきたのです。それは、物価上昇と不況が同

時に起きたスタグフレーションという状況です。これをケインズ経済学ではうまく説明できなかったし、解決もできませんでした。

　アメリカやヨーロッパ諸国と同様に、日本でも、ケインズ経済学は効果がないのではないかという、ケインズ経済学に対する疑問、さまざまな批判の声が出てきました。

　たとえば、特に財政政策は、タイミングよくできれば効果があるかもしれないが、実際には困難であるという批判があります。そもそも不況時に陥り、政策の必要があることを認識するのに、まずタイムラグが発生しますし、それに合わせて処方箋としてさまざまな政策を行うにも予算を組まなければいけません。加えて、政策を行った場合もそれが即効薬であるとは限らず、実際に波及するのも時間がかかる。つまり、認識してから政策執行、そして波及にそれぞれタイムラグがあるため、結局、本当に必要なタイミングで政策を出せないという批判です。

　また、あまりにも大きな政府は、民間の投資や貯蓄を阻害するのではないかという批判もあります。これは古典派への回帰、アダム・スミス以来の市場メカニズム重視への回帰です。政府はそもそも市場メカニズムに沿った動きはしません。ということは、政策は効率的ではないかもしれない。効率的ではないことをすることによって、民間がこういう所に投資したいと思うのにそれができないなど、さまざまな所で経済の邪魔をしているのではないかという主張があらわれました。

　たとえば、大きな政府では税率が高くなります。高い税率は、投資活動、貯蓄、また働いてもどうせとられてしまいますからさまざまな民間の活力を削ぐのではないかと考えられます。

　効率的なことができないのであれば、政府はダウンサイジングしていくべきだという小さな政府への回帰が、この頃から始まります。それが多くみられたのは1980年代です。イギリスではサッチャー首相、アメリカではレーガン大統領が、どちらかというと供給側に立ち、たとえば減税をすることによって皆のやる気を出す、政府のサイズを小さくする、これまでの産業保護を止め、斜陽

産業を切り捨てて新しい産業へシフトさせる、ということを行いました。民間の経済活動はもう少し民間に任せるという動きが出てきた頃です。

3.5 政府の失敗

スタグフレーションの頃に政府がうまく振る舞えなかったことから、政府自体があまり万能ではないのではないかという批判が出てきました。この節では上記の批判とは異なる視点からのケインズ的な政策への批判を紹介しましょう。

ケインズの頃から想定されていた政府は、非常に賢く、すべての情報を把握していて、皆のやりたいことがわかっていて、それに合わせて的確に皆のために政策を行うものだとされていました。それは「ハーベイ・ロードの前提」と呼ばれているものですが、まるで神様みたいな政府です。でも実際の政府はそうではない。政府を運営するのは人間です。人間がやっている以上、神様にはなれません。

たとえば、政府が経済や国民のすべての状況を把握しているわけではありません。どこに何が足りないのか、誰が何をほしいのかは完全にはわからないでしょう。

また、政府が、企業にこうしてほしいと思ってもすべてその通りにさせることもできません。これをやろうとして失敗したのが共産主義のはずです。

また、少し議論が変わるのですが、政府で実際に行う官僚は、国民のためだけに動いているのではないのかもしれません。官僚同士の、勢力範囲の拡大等のために動かされているかもしれない。政権政党、あるいは政治家が支持母体や圧力団体の制約を受けて、実際にやるべきであるはずのものとは違うことを行う可能性だってあるでしょう。

公共選択論、政治経済学的な話になりますが、政府が国民のためではなくて、別のさまざまなインセンティブによって動いている場合もあります。それがもしかしたら政府の失敗を引き起こす、あるいは政策を歪めているのではないかという説が出てきました。これについてはさまざまな仮説があるので、簡単に

説明していきたいと思います。

　たとえば動学的非効率性と政府の信頼性という話を紹介しましょう。国民が政府をどれだけ信用するかによって、政策の効果が変わることが知られています。政党は選挙で公約を出しますが、その後状況が変わる可能性があります。公約通りにやるべきではないという状況も生じてくるでしょう。その場合は公約を変更したほうが良いのかもしれません。

　けれども、条件が変わったからと公約を変更したら、この政党は政権を取った途端にやることを変えるのだと国民は思うでしょう。政府は一度信用を失うと、次に何かをやるといっても国民はもはや信用しません。そうすると国民は政策の狙い通りの行動をとらないかもしれない。今の経済状況からはこうしたほうが良いと思って政策を変更したのに、かえって悪影響を及ぼすという可能性も出てきます。

　また、選挙で勝つためにはできるだけ支持を集めなければなりません。当然、一番支持が集まる政策は何かを探るでしょう。そうすると、中位投票者の選好に政策が集中するという話があるのですが、そこは難しくなるので簡単にいいますと、要は皆がこれならいいという、妥協した所で政策を決めるでしょう。その結果、場合によってはどの政党も似たような政策を打ち出してくる可能性があります。すると政策で勝負できなくなります。

　政策で勝負できないとどうなるか。選挙用の、その時の政治的局面に合わせた政策をとります。たとえば選挙に合わせてその場しのぎの経済状況を良くするような経済政策を与党がとる。それで選挙に勝ったら、その政策は止めるというように、首尾一貫した政策ではなく、選挙の人気取りのための政策をその時に限ってとる可能性があります。これは望ましくないと考えられます。

　たとえば、現在、財政赤字が深刻だといわれていますが、選挙時には増税するとはいえません。だから増税しないという話をして、選挙後に、やはり財源が足りないから増税するという話を後出しでするかもしれませんし、財政赤字で大変なことになるのはわかっているのに、増税できず、とりあえずそのままの状態でいくかもしれません。実際には痛みを伴わなければいけないのに、そ

れを先送りするような状況も出てくるでしょう。

　もう1つ。今の日本は連立政権です。連立政権は、政権交代によって政策がガラッと変わる可能性が減少するので、ある程度経済に与える影響は安定的だとはいわれています。安定的というのは、二大政党制の場合には、政権交代によって景気循環が併発される可能性があるので、それと比較すると安定的であるという意味です。ただ、問題もあります。

　連立政権はさまざまな支持母体を持つ政党が集まっています。政党は自分の支持母体に恩返しをしたいから、それぞれが、支持母体に有利な政策を提案すると考えられます。あるいは、自分の支持母体に不利益になるような政策には首を縦に振らないでしょう。すると、総論賛成、各論反対の状況になります。

　結局うまくまとまらないので思い切った政策を打ち出せず、財政赤字が膨らみやすいといわれています。事実、自民党政権の途中から公明党などを入れた連立政権になった頃に財政赤字をなかなか削減できなかった原因の1つに、この連立政権の問題があるのではないかといわれています。ここを切ろうとすると反対される。他を切ろうとしても他の政党から反対される。支持母体や、それぞれの政党の事情に制約されるためになかなか上手い状態にならないということが出てくるわけです。

　以上、非常に簡単にですが、どのように政府が捉えられてきたかを振り返りました。

3.6　政府に求められることとは

　結局、政府の役割というのはやはり大きい、さまざまな問題を抱えつつもわかっているのは、政府は必要ではあるということです。特に、最近よくいわれているのは、経済的なショックが昔より急激であるということです。グローバル化が進んだことにより、海外で起きたことがかなり早いタイミングで大きなショックとして影響します。たとえばサブプライムローン問題による経済危機により、日本は大きくGDPを減らしました。ここまでGDPを大きく下げたことは実はあまりないのです。今回の震災の後も大きな円高が進んだように、

経済指標の変化、ひいては日本の経済に与える変化がより急激かつ深刻になってきています。

そこで政府が介入するような危機管理の必要性が出てきます。経済の危機に限らず災害時においても、危機管理システムは必要です。危機が起きたときに最後の安全網となる政府はやはり必要なのです。

ただ残念ながら、政府がうまく立ち回れていないのは事実です。では、どうすれば良いのでしょうか。どういう所は政府がやるべきで、どういう所はそうではないのか。もしくはやるとしても、政府がきちんとうまく立ち回るためにはどういう仕組みが必要なのか。こうしたことを改めて考えなければいけないでしょう。

ひとつ考えなくてはならない要因は、政府の行うことへの理解の不足からくる政府への不信です。たとえば政府が事業仕分けなどをして経費を削減しています、いろいろなところで努力していますといっても、財政の複雑なしくみがあり、別の特別会計などがあって、まだどこかに隠しているものがあるのではないかと国民は疑心暗鬼になっています。

今回の原発事故でも、情報開示に関して本当に良かったのかといわれる部分があります。たとえば、2カ月経ってからメルトダウンしていたという話がありました。良いのか悪いのかを判断する材料がほしいのに、それがきちんと出てこないわけです。だから信頼できないというのがまず1つあります。やはりできるだけ透明化してもらいたい。

また、政府の政策に関してもさまざまな議論があります。どこまで市場に任せるかや、政府が介入するか。これに関しても、その場によって政府が立ち回る方法が違うことが、不信感につながる可能性があるでしょう。

1990年代のヨーロッパ諸国は財政赤字を抱えていました。それが、2000年にかけて、どの国も財政赤字を改善させました。EUの通貨統合の条件の1つとして、財政赤字を対GDPの3％以内、債務残高の対GDP比60％以内に収めないと参加させないというルールがあったためです。

つまり、ある程度わかりやすいルールを決めて、その中で機械的にやったほ

うが、時には厄介なこともありますが効果が上がる場合があります。実は橋本内閣のときの財政構造改革法がその意図があった法案であるといわれています。しかし、その法案は凍結させてしまいました。その時の経済危機に対応したためですが、せっかく決めたルールを駄目にしてしまったことによって、根本的な改革が進まなかったのではないかという批判があります。

　あとは、私たち自身が判断する眼力を身につけることも重要でしょう。加えて、政府がきちんとしているかは、監査される必要があります。さまざまなところで、より中立的に発言する機関を作らないといけません。そうやって初めて、政府の政策を評価して、判断ができるのではないでしょうか。

参考文献

井堀利宏（2005）『ゼミナール公共経済学入門』日本経済新聞出版社
J. E. スティグリッツ（2003）『スティグリッツ公共経済学　第2版　上・下』東洋経済新報社
OECD, Economic Outlook 88, 2010

■解説：「一般政府」とは何か（本書でいう政府とは何を指すか）

　政府を構成する会計や政府諸機関で分類すると、図1-4のようになります。
　日本の財政制度上の形態として、政府は、「国」と「地方」に分かれます。「国」には、国が行政サービスを行う一般会計や社会資本整備などの特別会計のほかに、独立行政法人、公社、公庫、事業団といった特殊法人などが存在します。「地方」には、都道府県や市町村が行政サービスを行う普通会計（一般会計と一部の公営事業会計から構成）と公営事業（上水道や病院事業など）を管理する公営事業会計、地方独立行政法人、地方公社などがあります。
　政府をどこまでの範囲として捉え、どう定義するかは、財政状況を正確に評価するうえでとても重要です。よくある誤解を紹介しましょう。毎年末の12月になると、政府の来年度予算案が頻繁に報道されます。いったい、この場合の政府の予算とは、図1-4の中でどの範囲に該当するでしょうか。この政府の予算は2011年度当初予算規模で92兆4000億円あります。「92兆円もあるのだから、国と地方も合わせた全体の政府の予算の話をしているのでしょ？」といった回答がよく返ってきます。
　しかし、この答えは、国の「一般会計」です。よく注目される政府の予算は、図中の一部でしかありません。確かに一般会計は最も重要な会計です。一般会計は国が行う行政サービスだけでなく、一般会計から繰り出された地方交付税は、都道府県や市町村の重要な財源になっています。しかし、一般会計だけ見ていても、都道府県や市町村の財政がどうなっているのかはわかりません。年金、医療、介護などの社会保障も政府の重要な役割ですから、それらも合わせた形で政府を捉えたほうが、ずっと多くのことが見えてきます。このように政府の役割を広く捉え、定義した政府の概念に「一般政府」があります。
　では、「一般政府」とは具体的にどのように定義されているのでしょうか。私たちが政府の財政状況を評価する場合には、国際的に統一された「国民経済

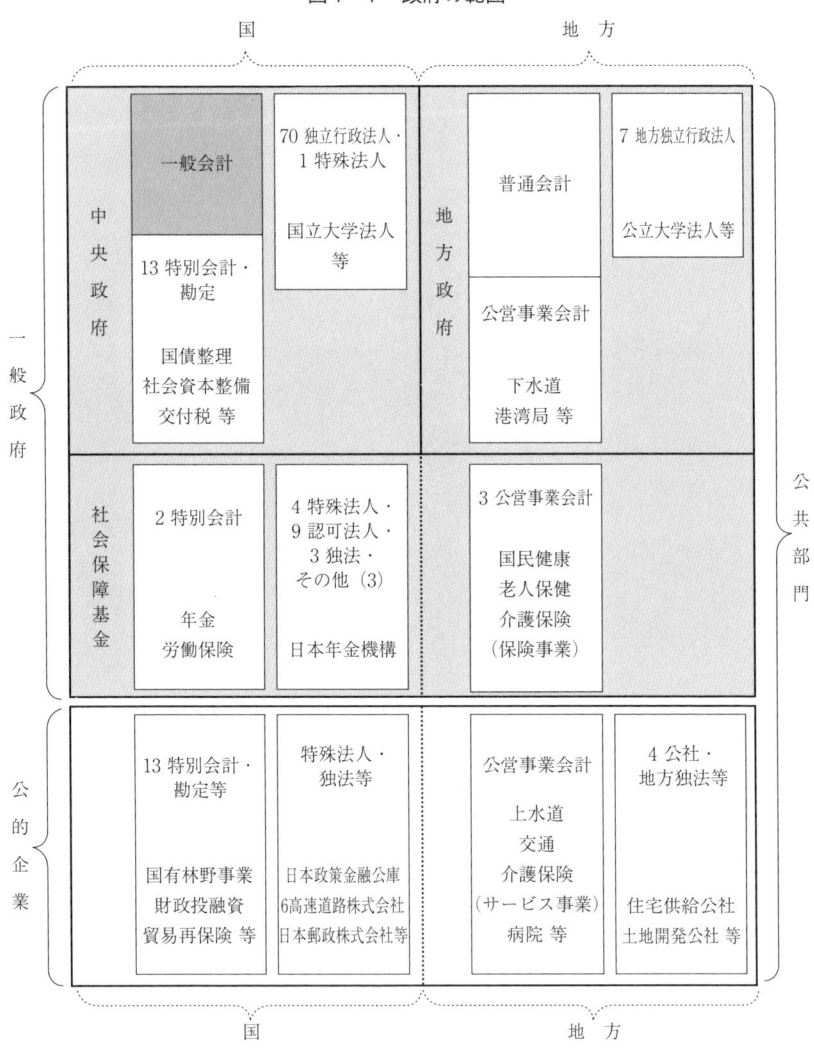

図1-4 政府の範囲

	国		地方	
中央政府	一般会計	70 独立行政法人・1 特殊法人 国立大学法人 等	普通会計	7 地方独立行政法人 公立大学法人 等
	13 特別会計・勘定 国債整理 社会資本整備 交付税 等		公営事業会計 下水道 港湾局 等	
社会保障基金	2 特別会計 年金 労働保険	4 特殊法人・9 認可法人・3 独法・その他（3） 日本年金機構	3 公営事業会計 国民健康 老人保健 介護保険 （保険事業）	
公的企業	13 特別会計・勘定 等 国有林野事業 財政投融資 貿易再保険 等	特殊法人・独法 等 日本政策金融公庫 6高速道路株式会社 日本郵政株式会社等	公営事業会計 上水道 交通 介護保険 （サービス事業） 病院 等	4 公社・地方独法 等 住宅供給公社 土地開発公社 等
	国		地方	

左側括弧：一般政府（中央政府＋社会保障基金）
右側括弧：公共部門

出典：内閣府「平成21年度国民経済計算における政府諸機関の分類」に基づき作成。2010年3月末現在。

計算」の分類にしたがうことが最も客観的であると考えられます。実際に多くの統計資料や学問的な研究で「一般政府」が用いられています。「国民経済計

算」の分類によれば、「一般政府」は、「中央政府」、「地方政府」、「社会保障基金」を合わせたものとして定義されます。

「中央政府」、「地方政府」、「社会保障基金」とは具体的に何でしょうか。図1-4を横方向から見てください。これは2010年3月末の分類です。まず、「中央政府」は、国の一般会計のほかに、交付税、国債整理基金、社会資本整備事業など13特別会計・勘定、70独立行政法人などから構成されます。次に、「地方政府」は、普通会計と公営事業会計からなります。47都道府県と1700余りある市町村がここに含まれています。「社会保障基金」は、年金や労働保険の2特別会計や共済組合などからなります。私たちは、中央政府に対して国税、地方政府に対して地方税、そして、年金、医療、介護のために保険料を支払っていますし、失業に備えて労働保険料を納めています。それらの負担に対するそれぞれのサービスを受けています。ですから、一般政府は私たちが普段関わっている政府と合致する概念ともいえます。

しかし、私たちが受けている公共サービスはそれだけに限りません。国有林野事業や上水道や交通などのように、国や地方自治体が収益の上がる事業を行っています。また、住宅購入者や中小事業者は公庫からの融資を受けているかもしれません。私たちは県立や市立病院のサービスを受けています。それらが、「公的企業」と呼ばれる部分です。図1-4では、財政投融資などの13特別会計・勘定、公庫などの特殊法人、地方の公営事業会計などが含まれます。

最後に、「一般政府」と「公的企業」を統合した概念を「公共部門」と定義します。しかし、それでもまだ「公共部門」というカテゴリーには収まらない、政府や政府関係機関が出資した諸機関が多数存在しています。どこまでが「政府」、どこまでが「民間」、という区別をつけることはとても難しい問題です。

繰り返しになりますが、財政に関連する数字を目にしたときは、どの範囲で政府を定義しているかに気をつけることが大事です。本書でいう政府とは「一般政府」の範囲を示します。以下では、日本や諸外国の一般政府の財政状況を比較し、財政再建について議論します。

第2章　政府は破綻するのか

鷲見　英司

1　はじめに

　日本の一般政府（中央政府、地方政府、社会保障基金）債務が GDP 比で200％超と未曾有の域に達しています。OECD の Economic Outlook（2011年12月）によれば、2013年はさらに悪化して GDP 比で227％となる見込みです。これは、2009年秋以降深刻な財政危機に直面しているギリシャ（2013年の予測で184％）、ポルトガル（124％）、スペイン（79％）などの欧州諸国をはるかに上回る水準です。財政危機に陥った国々では、2011年に入って長期国債の利子率がユーロ導入後の最高水準に達しています。欧州諸国の国債利子率の急上昇は、政府の財政再建策に対する不透明感に市場が敏感に反応していることの表れです。

　他方、日本政府の長期国債の利子率は、追加的な財政需要が発生した2011年3月の大震災後でも、1％前後の水準で低位安定し、今のところ、欧州諸国のような市場からの圧力を受けていません。果たして、日本政府は信頼に足る財政再建策を示しているのでしょうか。

　深刻な財政危機に陥っている欧州諸国に対して、なぜ日本政府は深刻な財政危機に陥らないのでしょうか。ここでは、その背後にある日本と欧州諸国の経済環境の違いと、日本政府が財政破綻するかどうか、そして財政破綻を左右する要因について説明します。

2　民主党政権の財政運営

　本題に入る前に、今日の財政問題を議論するうえで大切な2つの前提知識を整理しておきましょう。1つは、民主党政権が財政運営の目標を示した「財政運営戦略」についてです。もう1つは、プライマリーバランスについてです。

2.1　財政運営戦略

　民主党政権は、2010年6月に、一般会計の2011年度からの3年間の歳出と国債発行の上限を定めた「中期財政フレーム」と、中長期的な財政再建の目標を示した「財政運営戦略」を策定しました。

　具体的にいうと、「中期財政フレーム」では、一般会計予算において、基礎的財政収支対象経費（国の一般会計歳出のうち、国債費および決算不足補てん繰戻しを除いたもの）を2011年度から13年度にかけて10年度の規模70.9兆円で据置くこと、2011年度の新規国債発行額が10年度予算44.3兆円を上回らないことを約束しました。実際に、2011年度予算当初では、基礎的財政収支対象経費70.9兆円、新規国債発行額44.3兆円が堅持されました。

　しかし、これで一般会計の健全化が図られたわけではありません。まず、東日本大震災の復興にかかる歳出入は別枠として扱われるため、国債発行額も歳出額も上限を上回ることは確実です。次に、2011年度はなんとか達成できましたが、12年度以降の達成にはすでに黄信号がともっています。というのは、2011年度当初予算の公債依存度が48％と高水準になっている一方で、高齢化に伴って増加する社会保障費や基礎年金の国庫負担にかかる費用などによって財政需要が増加するためです。

　そして、もし今後3年間、「中期財政フレーム」が堅持されたとしても、一般会計自体の財政状況が改善するほど現実は甘くはありません。2011年度の一般会計のプライマリーバランスは22.7兆円の赤字なのです。

　「財政運営戦略」では、まず、国・地方のプライマリーバランス赤字対GDP

比率を、2015年度までに2010年度比で半減させること、次に2020年度までに黒字化し、国・地方の公的債務残高対GDP比を2021年度以降に安定的に低下させることを財政運営の目標として掲げています。このほかには、歳出増や歳入減を伴う政策には恒久的な歳出削減か歳入増で財源を確保する「Pay-as-you-go原則」の導入や税制（個人所得税、法人税、消費税、資産課税）の抜本改革に取り組むことなどが明記されています。

2.2　政府による財源不足の試算

民主党政権は、増え続けていく社会保障関係費の改革と税制の改革を一体としてやろうとしています。いわゆる社会保障と税の一体改革です。この議論のベースには「財政運営戦略」があります。

2015年度に国と地方のプライマリーバランス赤字を半減させるという財政運営戦で掲げた目標を達成するには、今後どの程度の財源確保が必要なのでしょうか。2011年の6月末にまとめた「社会保障と税の一体改革」に関連して発表された国の財源不足は、2015年度に10兆円に上るとのことです。この試算は国の財源不足のみです。地方財政の健全化に関して不足額がさらに発生する可能性があります。

ここには、東日本大震災の復興費用が加味されていません。東日本大震災後に大きな財政需要が発生しました。東日本大震災からの復興のために、今後5年で少なくとも19兆円規模の財政需要の増加が見込まれています。そのうち、3.5兆円分は2011年度の補正予算で財源が手当てされたため、残りの10.5兆円は増税、5兆円は税外収入（JT株の売却や歳出削減）によって財源を賄うとされています。10.5兆円の増税分は、25年間の所得税増税、3年間の法人税減税の先延ばし、10年間の住民税増税によって賄うことが決まりました。

震災復興の財源も含めれば、2015年度の財政健全化目標の達成には今後5年で10兆円を上回る財源確保が必要になります。さらに東日本大震災によって、経済にも大きなマイナスの影響がありました。果たして、財政運営戦略が描くような、財政の健全化は本当に実現できるのでしょうか。

3 プライマリーバランスとは何か

2000年代初め頃から「プライマリーバランス」という言葉がよく聞かれるようになりました。小泉政権で財政運営の目標となる指標とされたからです。日本語では「基礎的財政収支」と訳されています。前述の「財政運営戦略」の説明でも、プライマリーバランスの赤字や黒字という表現が出てきました。プライマリーバランスの理解は、今日の財政問題を正確に理解するうえで不可欠です。

3.1 プライマリーバランスの見方

まず、プライマリーバランスが均衡する、つまり赤字でもなく黒字でもないという状態はどういうことなのでしょうか。図2-1でプライマリーバランス均衡をみていきます。

財政用語では、収入を歳入と、支出を歳出といいます。歳入は税収と公債金収入とに大きく分かれます。図2-1でいう税収は、所得税や消費税などの税収入です。今日、私たちが負担しているものです。公債金収入とは、国債を発行して借金をすることによって得た収入です。これは税収との対比でいえば、今日の負担でなく、将来の負担です。

他方、歳出は、公債費と公債費除く歳出とに分けられます。公債費とは、国債の返済と利子の支払いです。これは、過去に受けたサービスに対する支払いといえます。公債費除く歳出は、たとえば公共事業だとか、福祉、医療、介護といった社会保障、教育、国防といった今日の私たちが受けるサービス（受益）にかかる支出です。

プライマリーバランスは、歳入の中の税収と、歳出の中の公債費除く歳出がどういうバランスになっているかを見るものです。図2-1のように、税収と公債費除く歳出が等しくなっている状態をプライマリーバランスの均衡といいます。言い換えると、現在の税負担と現在私たちが受けているサービスが一致

図2-1　プライマリーバランス均衡　　図2-2　プライマリーバランス赤字

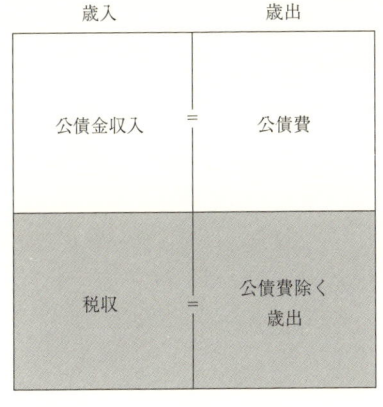

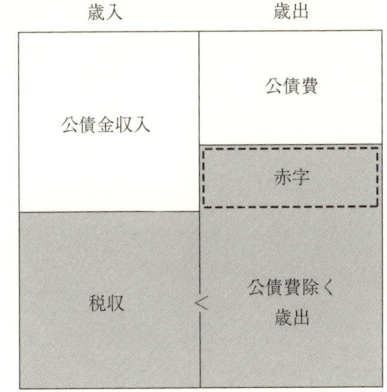

している状態、つまり負担と受益が一致している状態のことです。

　次に、プライマリーバランスが均衡ではない、赤字の状態は、図2-2のような状態を示します。今の税収では公債費除く歳出を賄い切れなくて、不足部分は新たな公債発行、つまり借金に頼っている状態をプライマリーバランスの赤字といいます。日本は国の一般会計でも、一般政府でも、プライマリーバランスは赤字です。今私たちが受けている行政サービス（受益）は、私たちが負担している以上のものになっています。プライマリーバランスの赤字の大きさは、私たちが今日受けているサービスの負担をどれくらい将来に先送りしたかを示しています。

　プライマリーバランスとは、要するに、現在の受益と現在の負担が一致しているのか、一致していないのかを表す指標です。これは［1］式のように定義されます。

$$\text{プライマリーバランス（}PB_t\text{）} = \text{公債費除く歳出（}G_t\text{）} - \text{税収（}T_t\text{）} \quad [1]$$

　公債費除く歳出と税収の差がゼロ（$G_t - T_t = 0$）であれば受益と負担の一致の状態、つまり均衡です。公債費除く歳出と税収の差がプラス（$G_t - T_t > 0$）

であれば、受益のほうが負担より大きい状態、つまり赤字になります。

3.2 プライマリーバランスの均衡が意味すること

プライマリーバランス均衡の意味について、もう少し踏み込んだ議論をしてみましょう。[2] 式は、今年の政府債務残高（D_t）がどう決まるかを表しています。ここで、tは今年、t−1は昨年であることを示しています。ただし、ここでは簡単のため、国債発行額と国債費のうち債務償還にかかる費用を除いて考えましょう。なぜかというと、債務償還費は同額の国債発行によって政府債務残高を一定にできるためです。結局のところ、[2] 式で示すように、昨年の債務残高（D_{t-1}）、昨年の債務残高に対する利払費（rD_{t-1}）がどの程度であるか、そして、プライマリーバランスが赤字（$G_t - T_t > 0$）になっているか、黒字（$G_t - T_t < 0$）になっているかによって、今年の政府債務残高（D_t）が決まるのです。

$$D_t = D_{t-1} + rD_{t-1} + |G_t - T_t|$$
PB 均衡の場合　　$110 = 100 + 10 \quad + \quad | \ 0 \ |$　　　　　　　　　　　[2]
PB 黒字の場合　　$90 \ = 100 + 10 \quad + \quad |-20|$

(1) **プライマリーバランス均衡**　　この [2] 式において、プライマリーバランスを均衡させるとは、国債費除く歳出 G_t と税収 T_t を一致させるということですから、$G_t = T_t$ とおいて0とします。プライマリーバランス均衡が何を意味しているかを知るには、この結果残った部分がどうなるのかを見ればいいわけです。

たとえば、昨年の政府債務残高（D_{t-1}）が100で、利子率（r）が10％とします。今年の利払費（rD_{t-1}）は10になりますので、プライマリーバランスが均衡していれば、昨年100だった政府債務残高が今年は110になります。ちょうど利払費（rD_{t-1}）である10の分だけ今年の政府債務残高（D_t）が増えています。プライマリーバランスが均衡したからといって、債務の増加は止まらないということ

がわかります。

[2]式が意味することは大事です。プライマリーバランスが均衡している状態、つまり現在のサービスを現在の税負担で享受できている状態でも、利払費（rD_t）の分だけ債務残高は増えていきます。よくプライマリーバランスが均衡したらもう債務は増えないと思われがちなのですが、そうではありません。

(2) **プライマリーバランス黒字**　プライマリーバランスを黒字化（$G_t-T_t<0$）することができれば、政府債務残高はどうなるでしょう。税収（T_t）のほうが大きくなるという状態を示しますから、[2]式では、（G_t-T_t）がマイナスになります。たとえば、プライマリーバランス（G_t-T_t）を－20としましょう。先ほどと同じ仮定で考えると、利払費（rD_t）が10だとしても、昨年100だった政府債務残高が今年は90になります。

プライマリーバランスを黒字化しないことには、政府債務残高を減らすことはできないということは2つ目の重要な点です。ですから、プライマリーバランスが赤字である限りは、債務残高は増えていく一方です。日本政府の債務残高は増え続けています。

これで、財政運営戦略がなぜ2020年度に均衡ではなく黒字化といっているのかがわかります。つまり、政府債務残高を減らしたいからです。ただし、先ほどの例では20のプライマリーバランス黒字がありましたから、利子10を返してもなお債務残高を減らすことができました。逆に、黒字が小さくて、利払費のほうが大きければ、債務残高は減らせません。プライマリーバランス黒字を実現しても、利子率が上昇してしまっては元も子もありません。日本国債の利子率が上昇するということは現時点では起こっていませんが、財政危機に瀕している南欧諸国の国債利子率は上昇しています。後でも詳しく述べるように、国債利子率の上昇は財政健全化の足かせとなります。

3.3　経済規模と政府債務残高

個人や企業でも同じですが、政府の借金を考える際には、借金の金額だけを問題にするのは賢いやり方ではありません。たとえば、Aさんが抱える借金

の残高が500万円だとします。Aさんの年収が100万円なら、年収の5倍の借金を抱えるAさんは同情されるでしょう。でも、Aさんの年収が1億円なら問題にはならないでしょう。個人や企業の収入、すなわち、返済能力によって、その同じ借金が意味するところが変わってきます。これは政府に関しても同じです。

　それでは、これを政府に置き換える場合、何をどう考えたら良いのでしょう。個人や企業の収入は、政府にとっては経済規模、つまりGDP（国内総生産）になります。日本経済の規模に比して、政府の債務残高がどれくらいになっているのかを見るのが賢明です。

　OECDに基づき、2011年のアメリカの一般政府の政府債務残高を、1ドル＝80円換算した場合には、1180兆円程度ですが、日本の一般政府の政府債務残高は1000兆円程度です。債務残高としては、アメリカ政府のほうが大きいですが、GDP比率に換算すると、アメリカは97.6％に対して、日本は212％もあります。アメリカ経済の規模は、日本経済の2.6倍くらいあります。そのため、経済規模に比して、政務債務は日本ほど大きくはありません。ただし、アメリカの一般政府債務残高対GDP比率が小さいとは決していいません。

　このように、経済規模、つまりGDPを考慮して、債務負担の深刻度を計ることが大事です。したがって、先ほどの [2] 式を若干の展開を行ったうえで、政府債務対GDP比率の式に書き直したのが、[3] 式です。

　今後は、財政赤字、プライマリーバランス、政府債務といった財政指標を国際比較するにあたって、対GDP比率を用います。ギリシャ経済は、日本経済よりはるかに小さい水準でしかありません。ギリシャ政府の財政赤字と日本政府の財政赤字をそのまま比較するとおかしなことになります。

$$\frac{D_t}{Y_t} - \frac{D_{t-1}}{Y_{t-1}} = (r - g)\frac{D_{t-1}}{Y_{t-1}} + \frac{\{G_t - T_t\}}{Y_t} \qquad [3]$$

　[3] 式の左辺は、昨年と今年の政府債務残高対GDP比率の差、つまり、昨年と比較して政府債務が対GDP比率でどれだけ増加するのか、減少するの

かを示しています。

 右辺は、若干複雑な形になっていますが、昨年と比較して政府債務対GDP比率がどれだけ変化するかは、簡単にいえば、①国債利子率（r）と名目経済成長率（g）の差、②前期の政府債務対GDP比率（D_{t-1}/Y_{t-1}）の大きさ、③今期のプライマリーバランス黒字対GDP比率（$|G_t-T_t|/Y_t$）で決まることを示しています。①は、名目経済成長が国債利子率よりも高いと債務を小さくできること、②は、政府債務対GDP比率が小さければ債務を小さくできるが、日本の一般政府のように政府債務GDP比率が200％ある場合には、100％の場合よりも2倍の負担増になること、そして③は、プライマリーバランスの黒字を実現できれば、政府債務の拡大を抑えることができることを意味しています。

 財政健全化にとって望ましい方向は、左辺をゼロにするか、マイナスにすることです。ゼロは政府債務対GDP比率が昨年と比べて増えないこと、マイナスは昨年よりも減少することを意味します。この状況を図示すれば、図2-3の2つの実線矢印のようになります。GDP比で増加する政府債務を時間を通じて一定とするか、減少させることができれば、財政破綻を回避できます。図2-3の点線矢印のように、政府債務対GDP比率が時間を通じて上昇し続けている日本政府のような状況では、必ずいつの日か財政が破綻します。

 ですから、左辺側をゼロまたはマイナスにするということは、右辺側の各項も、ゼロあるいはマイナスにならなければなりません。右辺第1項でいうと、ゼロは国債利子率と経済成長率とが等しいこと、マイナスは経済成長率のほうが高いことを意味します。要するに、利子率によって借金が増加していくスピードよりも、経済規模が成長するスピードが速ければ良いわけです。右辺第2項も同様です。ゼロはプライマリーバランスの均衡、マイナスは黒字を意味します。

 しかし、国債利子率は国債市場で決まるので、政府がコントロールできません。経済成長も同じです。これらは、今の経済状況に従わざるをえません。1990年代以降の日本の国債利子率と名目経済成長率との関係をみると、ほとんどの期間で、国債利子率のほうが名目経済成長率よりも高くなっています。利子率

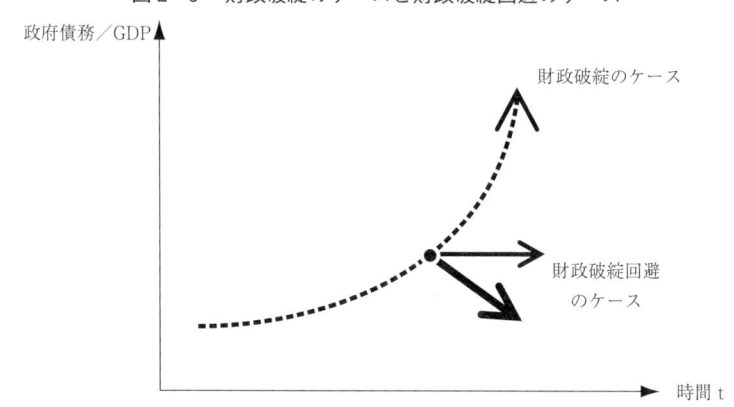

図2-3　財政破綻のケースと財政破綻回避のケース

はマイナスにならないのに対して、この期間はバブル崩壊後の長期不況やデフレ、リーマンショック後の世界金融危機などによって、名目経済成長率は何度かマイナスになりました。したがって、日本経済の現状からすれば、名目経済成長率が国債利子率を上回るという状況はほとんど期待できません。他方で、プライマリーバランスは、政府がコントロールできます。黒字を実現できれば、政府債務の拡大を抑えることができます。このことからも、財政健全化におけるプライマリーバランスの黒字化の重要性を再認識できます。

ただし、国債利子率の水準は、政府やその財政再建策に対する信頼によって影響を受ける可能性があります。政府の財政再建策が信頼に足るものであれば、国債利子率は安定する可能性が高いです。ギリシャなどの南欧諸国ではちょうどこの反対のことが起こっています。経済成長率も、政府が規制改革や成長戦略を実践することで長期的に高めていくことができる可能性は十分にあります。

4　日本政府の危機的財政状況

Estonia! Welcome to the Titanic.(「エストニア！　タイタニックにようこそ」)。

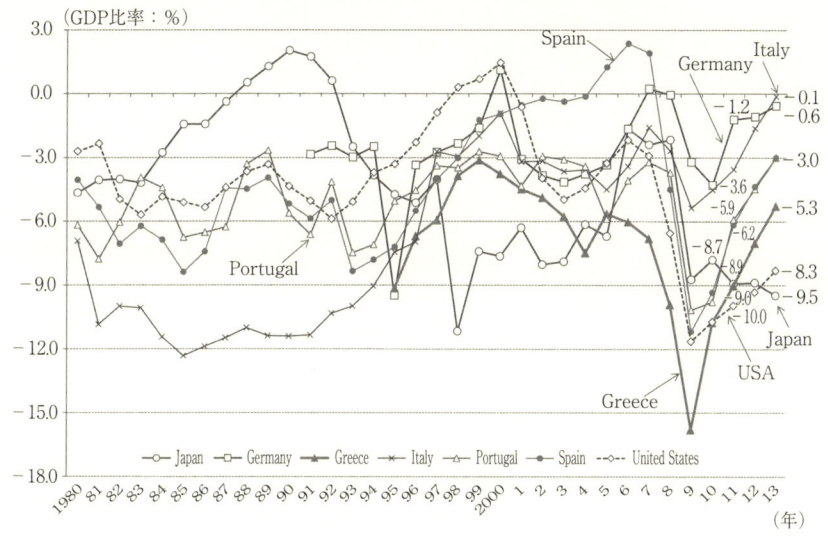

図2-4 一般政府財政収支対GDP比率の推移（国際比較）

出典：OECD, Economic Outlook No.90より作成。なお、データは2011年5月時点のデータに基づきOECDが作成。2011年以降はOECDの予測値。

　これは、2011年1月に、エストニアがユーロを導入した際に登場したポスターの見出しです。沈没しかけた船（タイタニック）にユーロのマークのついた4本の煙突があって、ギリシャ、アイルランド、ポルトガル、スペインと名前の煙を吐いています。ギリシャ、アイルランド、ポルトガル、スペインの4カ国は、ヨーロッパでも財政状況が極めて悪い国です。崩壊寸前のユーロにようこそ！　と皮肉られているわけです。

　以下では、ギリシャ、スペイン、ポルトガル、イタリアの南欧諸国、そしてアメリカ、財政が健全なドイツと比較しながら、日本政府の財政状況を確認していきます。

　(1) **一般政府財政収支対GDP比率**　　図2-4は、1980年から2013年にかけての一般政府の財政収支対GDP比率の推移です。2011年以降はOECDの予測値です。

90年代以降の欧州諸国の財政状況を、リーマンショックが起こった2008年の前後で分けて見ていきます。まず、1992年に欧州通貨危機が起こりました。深刻な不況でヨーロッパ諸国の財政状況は悪化しました。しかし、いったん悪くなった財政状況が2002年のユーロ導入に向かって改善していきました。ユーロの導入に向けて、欧州諸国の財政赤字が３％の近傍に収束していったのがわかります。ユーロ導入国には、一般政府の財政赤字をGDPの３％以内に抑えなければいけないという財政運営のルール（マーストリヒト基準）があります。これは、通貨の価値を守るためにたくさんの借金をしないことを政府に約束させているのです。

　なぜ政府の財政赤字が通貨の価値を下げるのかを簡単に説明しましょう。政府が国債発行によって財源を調達しようにも、引き受け手がない場合に、中央銀行に通貨を印刷してもらって国債を引き受けてもらうことが多くの国で実際に行われてきました。一番わかりやすい例が戦争の時です。政府は軍需品を調達するために財政赤字を出します。通常の経済活動で使われる以上に、経済のなかの貨幣供給量が増加するとやがて物価が上がっていきます。戦時には経済活動が停滞します。そんな状況で、政府の財政赤字を引き受けるために中央銀行が大量の通貨を印刷すれば、貨幣供給量が増加し、物価が上がります。物価が上がれば通貨の価値は下がります。ユーロという新しい通貨の価値を守るために財政赤字、政府債務をさせないという、未然防止ルールをとっているということです。

　次に、リーマンショック後の状況を見ましょう。2008年のリーマンショック後の世界金融危機を反映して、すべての国で08年から急速に財政赤字対GDP比率が拡大しています。2009年には日本政府は8.7％の財政赤字であるのに対して、ギリシャ、スペイン、アメリカの一般政府は10％以上の財政赤字となっています。しかし、OECDによれば、2009年から13年にかけて、日本を除く他の国々は、財政赤字が縮小（半分弱程度）に向かうことが予想されています。一方、日本は09年の8.7％の赤字から減少せず、高水準で推移すると予想されています。残念ながら、財政運営戦略は中長期的な目標を示したにすぎず、民

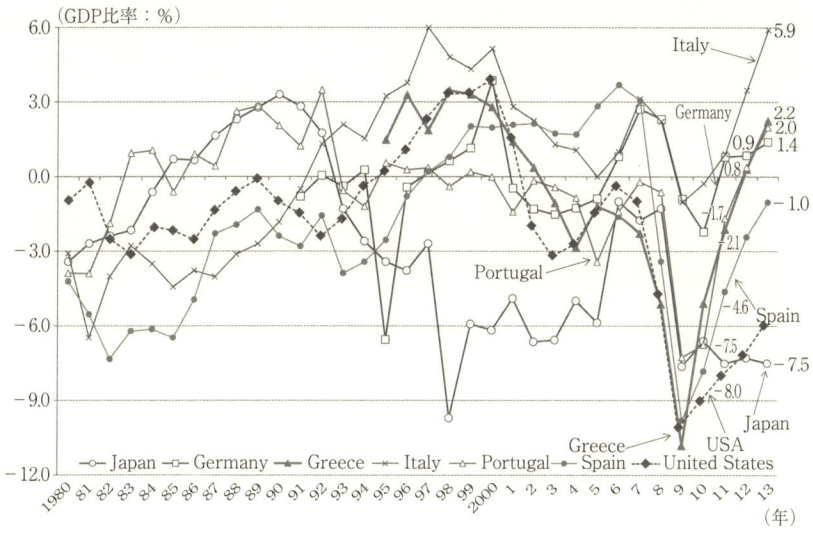

図 2-5　一般政府プライマリーバランス対 GDP 比率の推移（国際比較）

出典：図 2-4 の注と同じ。

主党政権は歳出削減や増税やそのタイミングなどの具体的な財政再建策を決定していません。もちろん、欧州諸国も財政健全化策も計画通り進むかどうかは未知数です。南欧諸国だけでなく、イギリスでも政府の緊縮財政に対する国民のデモや暴動が起こりました。2011年にはポルトガル、ギリシャ、イタリア、スペインなど債務危機に見舞われた国の多くで政権や首相の交代が続き、政治危機が強まりました。

　(2)　**一般政府プライマリーバランス対 GDP 比率**　図 2-5 は、1980年から2013年までの一般政府のプライマリーバランス対 GDP 比率の推移です。日本政府のプライマリーバランス赤字は、財政赤字と同様に、1990年代後半から2000年代半ばにかけて高水準で推移したことがわかります。そして、2000年代後半には他の OECD 諸国と同程度に改善しています。しかし、リーマンショック後の世界経済危機を反映して、日本だけでなく、どの国も08年から09年にかけて急速にプライマリーバランス赤字を GDP 比で拡大させています。プライマ

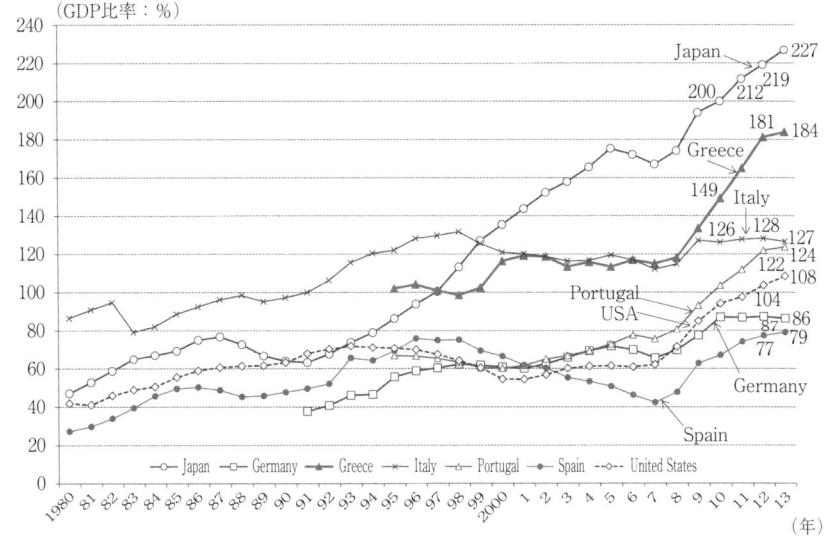

図2-6 一般政府債務対GDP比率の推移（国際比較）

(GDP比率：%)

出典：図2-4の注と同じ。

リーバランス赤字も財政赤字と同様に、日本だけが13年にかけて高水準で推移すると予想されています。

(3) **一般政府債務残高対GDP比率** 図2-6は、1980年から2013年にかけての一般政府の政府債務対GDP比率の推移です。上述のように、ヨーロッパ諸国では欧州通貨危機によって大幅に財政赤字が増えました。しかし、イタリアを除いた国々は、政府債務残高対GDP比率を60％の前後の水準で推移させてきたように見えます。ユーロ導入国は政府債務対GDP比率に関しても、60％以内に抑えるというマーストリヒト基準に従っています。

日本の一般政府債務残高の対GDP比率は、80年代後半から90年代初めにかけてバブル景気のおかげで下がりました。しかし、バブル崩壊後は、戦後最長の景気回復期であった2000年代半ばの一時期を除けば、上昇の一途を辿っています。日本の一般政府債務は、90年代末にイタリアを抜き、2010年には200％に達しています。リーマンショック後は、再び増加のスピードが加速しました。

日本政府の水準はギリシャ149％、イタリア126％と比較しても突出して高いことがわかります。アメリカも12年には104％になると予想されていますが、これは日本の1997年の水準です。

日本の一般政府財政赤字は今後も高水準が続くと予想されています。さらに、日本の一般政府債務は、2013年にかけて227％になろうという状態です。その一方で、ヨーロッパ諸国でいま最も深刻な財政危機にあるギリシャでさえも184％です。ポルトガルは124％、スペインは79％となると予想されています。政府債務残高対GDP比率は、欧州諸国のほうがずっと低くて、日本はOECD諸国で最悪の水準です。

5　なぜ日本の財政危機は表面化しないのか

日本政府の財政赤字は高止まりし、政府債務残高対GDP比率は200％を上回り、OECD諸国のなかで最悪の状態にあります。それにもかかわらず、なぜ財政危機が表面しないのでしょうか。これがメインテーマです。ここでは3つのことを説明します。

1つ目は、国債市場における需要と供給についてです。政府が国債を発行できるかどうかは、国債に対する需要と供給との関係が重要になります。政府が国債を発行、つまり借金をしたくても、誰もそれを引き受けてくれなければ、つまり需要がなければ、国債の発行はできません。国債市場では、政府は国債の発行主体、つまり供給者であり、政府以外の経済主体がその国債の需要者となります。

2つ目は、国債市場の状況についてです。政府が供給する国債に対して、需要がどの程度存在するかによって国債の価格と利子率が決まります。日本とヨーロッパの国債市場の状況の違いを説明します。

3つ目は、日本とヨーロッパの国債市場に違いが生じている理由を経済環境の違いから説明します。ヨーロッパ諸国の国債市場は極めて不安定になっています。日本は国債需給が極めて安定していますが、あと何年かしたら不安定に

なるかもしれません。

5.1 国債市場の需要と供給

まず、国債市場の需要と供給について説明します。図2-7と図2-8には、横軸に需要量と供給量、縦軸に価格（利子率）をとっています。

右下がりになっている曲線が需要曲線です。需要者は、国債が安ければ（つまり利子率が高ければ）、たくさん需要します。反対に、国債が高いときには、少ししか需要しません。したがって、需要曲線は右下がりになります。右上がりになっている曲線が供給曲線です。売りたいと思っている供給者は、国債を高く（つまり、低い利子率で）買ってほしいと思っています。したがって、供給曲線は右上がりになります。ただし、国債は価格だけが重要なのではありません。債券の価格とその利子率には密接な関係があります。図2-7の縦軸を参照してください。これは、国債といった債券というもののしくみがこうなっていて、ある債券の価格が高いときには利子率が低い、逆に債券価格が安いときには利子率は高い、という性質があります。

図2-7と図2-8を用いて、国債市場において、需要が供給より増加した場合と供給が需要より増加した場合の2つの現象を表現します。経済学の市場分析では、需要と供給が一致するところで価格が決まりますので、いずれの図でも、需要や供給が増加する前の状況をE_0点で表現しています。これを均衡点といいます。市場の均衡点では、国債価格はP_0、国債の取引量はQ_0となっています。

まず、図2-7は国債の需要が増えた場合です。日本政府は国債を毎年たくさん供給していますので、実際には供給も増えています。ですので、この図2-7は、簡単のために、供給が増える以上に、国債を保有したい、買いたいと思う人たちがたくさんいて、需要のほうが多く増えたと考えてください。相対的に国債に対する需要が大きく増えたという状況を需要曲線の右方向へのシフト、図2-7ではDからD_1へのシフトとして表しています。その結果、市場の均衡点はE_0からE_1に移動し、国債価格はP_0からP_1に上昇し、取引量はQ_0から

図2-7 国債市場（需要の増加のケース）　　図2-8 国債市場（供給の増加のケース）

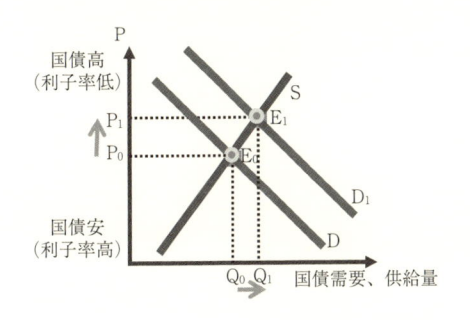

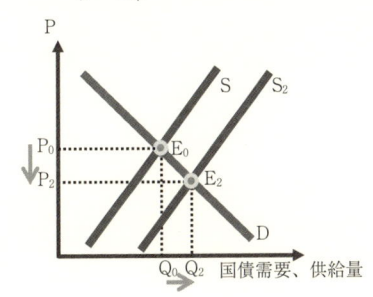

Q_1に増加します。大事な点は、国債価格がP_1に上昇しているということは、国債の利子率が低下したということです。

次に、図2-8は国債の供給が増えた場合です。こちらも、簡単のために、需要が増える以上に、政府が国債をたくさん供給したと考えてください。相対的に国債の供給が大きく増えたという状況を供給曲線の右方向へのシフト、図2-8ではSからS_2へのシフトとして表しています。その結果、市場の均衡点はE_0からE_2に移動し、国債価格はP_0からP_2に下落し、取引量はQ_0からQ_2に増加します。大事な点は、国債価格がP_2に下落しているということは、国債の利子率が上昇したということです。

5.2 実際の国債市場はどうなっているのか

財政危機に瀕している南欧諸国の国債市場は図2-7と図2-8のどちらのケースでしょうか。図2-8がそうです。ギリシャの国債市場では、国債価格が暴落しています。ギリシャ政府の場合は、国債供給を増やそうにも、買い手が集まりません。買い手がつかないということは、厳密には図2-8のようではなく、需要曲線も左側にシフトしていると考えた方が正しいでしょう。その場合は、国債価格が下がり、利子率が上昇しますし、国債市場での取引量が減少します。同じことがポルトガルでも起こっていますし、アイルランド、スペインでも起こっています。2011年末にはイタリアにまで波及してきました。

日本の国債市場はどちらのケースが起こっているのでしょうか。確かに政府は、毎年たくさんの国債を発行し続けています。最初に紹介したように、一般会計だけでも2011年度当初予算では43兆円の国債発行が見込まれています。日本の国債市場が図2-8だとすると、実際の国債市場では国債価格が下がって、国債利子率が上がっていなければなりません。しかし、前述したように、日本の国債市場では、国債利子率がずっと低いまま安定しています。したがって、図2-8の現象が起こっているのではなくて、実際に図2-7の現象が起こっていると考えるのが正しいといえます。確かに政府が借金を増やしていて、国債供給を増加させているのですが、それでも買いたいと思う人がずっと多くいるということです。買いたいという人が多ければ多いほど、国債価格が上がって利子率が下がるのです。

　実は、先ほど2011年度に一般会計だけでも43兆円の国債発行といいましたが、43兆円が2011年度に国債市場に供給されるすべての量ではないのです。43兆円という金額は新規国債発行額にすぎません。過去の国債の借換え分も含めると、2011年度の国債発行額は新規発行額の4倍近い170兆円程度にも上る見込みです。

　不思議なことに、巨額の債務を抱え、大量の借り換えを行わなければならない状況にある日本政府の借金をもっと引き受けてもいいと思っている人が、たくさんいるのです。それはなぜなのでしょうか。

5.3　ヨーロッパと日本の経済環境の違い

　この謎を解くキーワードは、経常収支です。経常収支には、貿易をすることによって得られる貿易黒字、ないしは貿易赤字の大きさをはかる貿易収支が含まれます。さらに、日本人がアメリカ政府の国債を買うとアメリカ政府が日本人に利子を払います。また、アメリカの企業の株を買えば配当をもらえますから、この経常収支には、貿易収支だけではなくて、こうした海外からの金利収入や配当収入である所得収支も含まれます。日本の経常収支は黒字です。それは、輸出が輸入よりも大きく（貿易収支黒字）、海外からの利子や配当などの収

入が海外へ日本人が払う支払よりも大きく（所得収支黒字）なっているからです。日本は、貿易収支の黒字が大きいと思われがちですけれども、最近は所得収支の黒字のほうがずっと大きくなっています。

　日本のような経常収支黒字国は、国内経済主体の活動に必要な資金を国内で調達することができます。一方で、経常収支赤字国は、国内経済主体の活動に必要な資金を国内だけでは調達できず、外国に頼っている状況です。この国内経済主体の活動には、政府の活動も含まれます。政府が行政サービスをするために資金を必要として、国債を発行する場合、国内で調達できなければ外国の資金に依存せざるをえません。

　図2-9は、1980年から2013年までの経常収支対GDP比率を国際比較したものです。近年は、経常収支黒字国はドイツと日本で、それ以外は経常収支赤字国です。2011年のギリシャ、ポルトガル、スペイン、イタリア、アメリカの経常収支対GDP比率はそれぞれ8.6％、8.0％、4.0％、3.6％、3.0％の赤字となっています。これらの国は政府の財政赤字と経常収支赤字という、いわゆる「双子の赤字」を抱えています。つまり、これらの政府は財政赤字をファイナンスするための資金を国内では足りず、海外にも頼っています。これが、日本政府が置かれている経済環境との決定的な違いです。日本政府の借金は、およそ95％を日本国民が持っています。ギリシャやスペインなどでは、政府の債務の多くをその国以外の国の人が引き受けています。

　繰り返しになりますが、財政危機が表面化しない日本と危機が表面化している南欧諸国との決定的な違いは、経常収支が黒字であるか、赤字であるかであり、同じことですが、政府の借金を国内で賄うだけの余裕があるかどうかです。日本の場合は余裕がありますが、ギリシャの場合は政府の借金をギリシャの国の人が賄えないので、外国から借りてくるしかないという状態です。

　このことをもう少し平たくいうと、日本政府の借金は、たとえば、Jさんの借金を倹約家で資金に余裕のあるJさんの家族が引き受けているといった状態です。他方、南欧諸国の政府の場合は、Sさんの借金をSさんの家族以外の人々が引き受けているといった状態です。Jさんがどんなに素行が悪くても、倹約

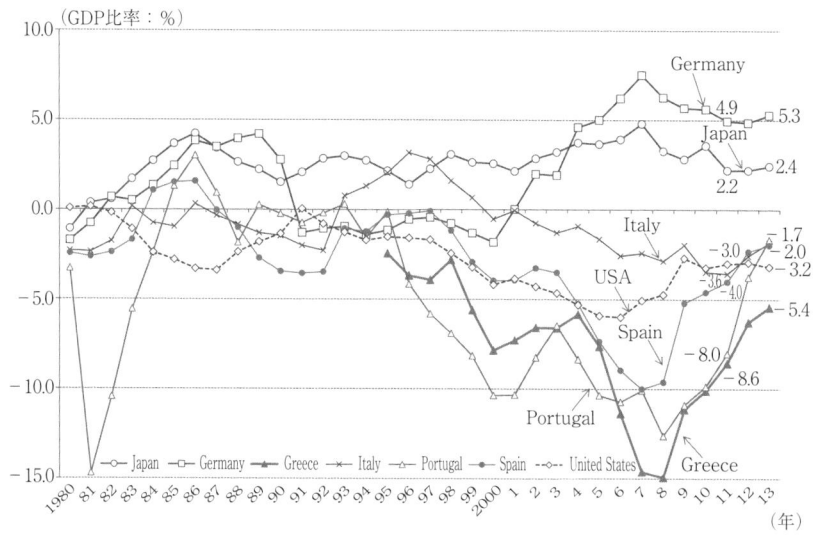

図 2-9　経常収支対 GDP 比率の推移（国際比較）

出典：図 2-4 の注と同じ。

　家で貯蓄がたくさんある家族なら辛抱強く付き合ってくれると思います。他方、家族以外の人が、Sさんにお金を貸した場合には、Sさんはどうも素行が悪いらしいとか、自分が貸した以外にも他の人から借金をたくさんしているらしいということがわかれば、すぐにでもお金を返してくれと言い出すでしょう。あるいはもっと高い金利を要求するようになるでしょう。そんなことがもうすでに起きてしまっているのが、南欧諸国です。日本の場合は家庭内の問題として、資金に余裕のある温かい家族に守られているので、今のところはそういうことは起きていないのです。

　これまで日本は双子の赤字には陥っていません。政府は財政赤字ですけれども、経常収支は黒字です。問題は恵まれたこの状況がいつまで続くかです。先ほどの例でいえば、Jさんよりも勤勉で頑張り屋の妹が進学のために、多くの資金を必要とするかもしれませんし、あるいは、Jさんの父が経済的に苦しくなって、家庭内の資金の余裕がなくなる場合もあるでしょう。

5.4 日本の国債を買うのは誰か

これまでの経常収支の議論を踏まえて、日本国内の経済主体の資金需要と資金供給の状況をもう少し詳しく見ていきましょう。

経済活動を行う経済主体とは、家計、企業、政府が主なものです。企業には金融機関も含まれます。家計と企業を合わせて民間部門といいます。さらに、海外に目を向ければ同様に、外国の家計、企業、政府が存在して経済活動をしていて、日本製品を買ったり、逆に日本人が購入する製品を製造したりしています。これらをまとめて「海外部門」と呼びます。

これらの経済主体は、経済活動をする際に必要な資金を需要したり、供給したりします。たとえば、家計は主に貯蓄をすることで、他の部門が経済活動に必要な資金を供給しています。企業は生産に必要な機械などの設備を購入するために、資金を需要します。政府は行政サービスに必要な資金が不足すれば、つまり税収だけで必要な資金を賄えない場合には、必要な資金を需要します。これが財政赤字です。

実際に、家計、企業、政府、そして、海外部門はどれだけ資金を需要し、供給しているのでしょうか。経済学では、資金の供給を貯蓄といい、資金需要を投資といい、需要と供給の差を「貯蓄投資差額」といいます。この「貯蓄投資差額」がプラスの場合は投資よりも貯蓄をたくさん行っていて、マイナスの場合はその逆です。貯蓄投資差額がプラスの経済主体（部門）を貯蓄超過主体、マイナスの主体を投資超過主体といいます。

経済全体で、各主体の貯蓄投資差額を整理すると、[4] 式のようなすっきりした関係で表すことができます。この式は、国内の民間経済主体の資金に余裕が出た場合には、政府によって使われるか、海外への投資に向かうかというように読むことができます（ただし、ここでの経常収支は、貿易・サービス収支を便宜的に置き換えたものです。正確にはこれに所得収支と経常移転収支を加えたものが経常収支になります。また、経常収支は、海外との資金のやりとりを記録した資本収支と等しく、「経常収支黒字＝資本収支赤字」という関係があります）。

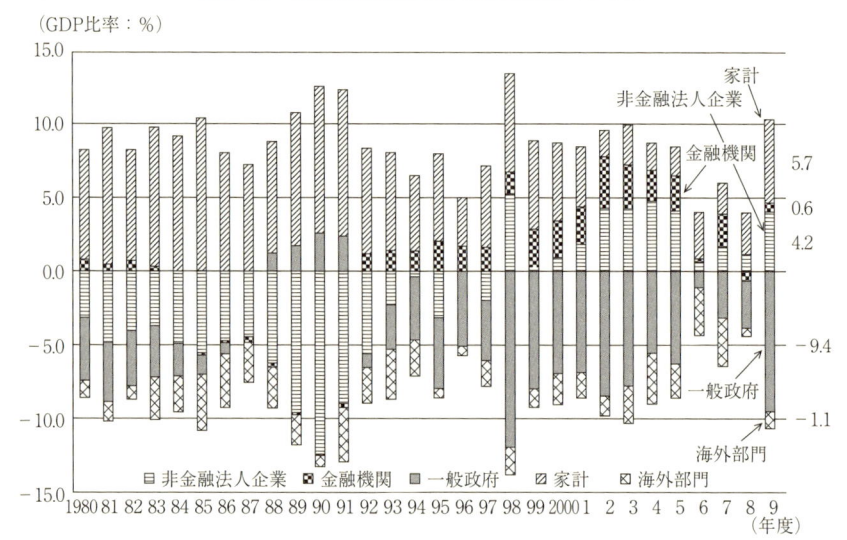

図2-10 日本の各経済主体の貯蓄投資バランス

(GDP比率：％)

出典：『国民経済計算年報』（内閣府）より作成。海外部門のマイナス収支は、海外部門（国内部門）から見た対外純投資がマイナス（プラス）。貯蓄投資差額＝貯蓄－投資。

民間部門貯蓄超過＝
　　一般政府投資超過（財政赤字）＋経常収支黒字（資本収支赤字）　　[4]

　実際に、各経済主体の貯蓄投資差額を見てみます。図2-10は、1980年度から2009年度までの各主体の貯蓄投資差額対GDP比率の推移を示しています。
　まず、[4] 式の左辺側にいる民間主体、家計と企業について見てみます。家計は、プラス側に伸びた棒グラフが示すように、投資に対して貯蓄のほうが大きい、貯蓄超過の状況がずっと続いています。もちろん、個別家庭では投資超過のところもありますが、全体として見たときには貯蓄超過です。しかし、家計のプラス側に伸びた棒グラフが小さくなっていることが気になります。これは家計が供給できる資金の減少を意味します。企業は、金融機関と非金融法人企業に分かれます。98年度以降は、どちらも家計同様に貯蓄超過の状況にあり

ます。97年度以前は、非金融法人企業は投資超過主体でした。

　次に、右辺第1項の一般政府について見ます。一般政府投資超過とは、財政赤字のことを意味します。日本の一般政府はバブル崩壊後の92年度から財政赤字を抱えています。右辺第2項の経常収支（資本収支）には海外との資金のやりとりが記録されています。図2-10では「海外部門」と書かれています。前述のように、経常収支が黒字であることは、国内の経済主体が経済活動で必要とする資金をまかなう資金的余裕が日本国内にあり、さらに、その資金を日本国内で使い切れない場合には海外に資金を投資することもできることを意味します。それを資金面で見ると、海外部門は日本の経済主体からお金を借りているという意味で、赤字になります。これが経常収支黒字が資本収支赤字と等しいこと、つまり図2-10で海外部門が赤字になっていることの意味です。

　まとめると、家計と企業は、経済活動に必要な資金を供給しています。政府は財政赤字を出し、そのために必要な資金を需要しています。「資金を需要する」ことは、国債を販売して、資金を調達するのですから、「国債を供給すること」と同じ意味です。海外部門は、資金を需要しているといえます。日本から外国債やその他の資産購入のために資金が出ていくので資本収支は赤字になっています。

　日本で財政危機が表面化していないのは、一般政府の財政赤字（投資超過）を家計、法人企業、金融機関の貯蓄超過がファイナンスしてきたためです。さらに、その貯蓄超過は、政府の財政赤字をファイナンスするだけでなく、海外への投資にも振り向けられてきました。これは経常収支が黒字であることと同じです。すなわち、日本の場合は、政府が借金をしても、まだ国内の資金に余裕があって、外国に資金を貸しているという状態が続いているのです。その資金は、たとえば私たちの年金基金が、アメリカとかヨーロッパの国の国債を買うとか、企業の株式を購入するとかといったことを具体的にはやっているわけです。

　なぜ、日本の国債の価格が下がって利子率が上がっていかないのか。それは、日本国内に国債を買ってもいいと思っている経済主体が多数いるからです。日

本国内で国債を引き受ける人たちが大勢いるということが、日本政府の借金を許しているということです。日本人が日本の政府の借金を支えているという状態が今までの姿です。

　長期にわたる経済の停滞によって、家計も積極的な消費行動をとりにくい環境にあります。そのため、貯蓄を増やす傾向にあります。本来、借金をして工場や機械を購入して生産するのが企業ですから、企業は出ていくほうが多くなければいけない経済主体なのです。しかし、経済の停滞によって、企業本来の行動が控えられたため資金が余っています。金融機関に関しても、本来の役割は、家計などから預金を集め、設備投資を行う企業に貸出を行うという金融仲介です。しかし、金融機関は、家計や法人企業から預かった預金を、本来の運用先である企業に融資するのではなく、預金で国債を買っている状況です。実は、こうした家計と企業の消極的な行動が、政府の財政赤字の安定的なファイナンスを可能にしてきたのです。この状況が続くことは、政府にとっては良いことかもしれませんが、中長期的な日本経済の成長や国民生活の向上という点では良いことではないはずです。企業にはイノベーションを興し、積極的に投資して、経済のダイナミズムを高めることが望まれます。そういったことが起きないのが不自然なのです。

6　財政破綻は起こるのか

　このように日本政府の財政赤字が安定的にファイナンスされる状況が今後も続くのでしょうか。誰もが関心のあることです。結論からいうと、どうもそう簡単にいきそうにありません。将来的に国債の需給は不安定化するとみることができます。

6.1　破綻が起こる背景
　不安定化要素の1つ目は、家計の貯蓄超過額が減少傾向にあることです。これは高齢化が進んでいることが原因です。若い世代はとにかく貯金をしなけれ

ばいけません。住宅を購入しなければならないし、子どもたちの学費の資金を貯めなければなりません。したがって、人口構造が若かったこれまでの日本経済にはたくさんの資金的な余裕があったわけです。しかしながら、日本の人口構造は高齢化しています。高齢者は貯蓄するのではなくて、貯蓄を切り崩して生活をしています。高齢者が増えることによって、家計部門の貯蓄超過が減少しています。高齢社会は今後も続きますから、貯蓄超過がなくなるという予測も出ています。そうなったら、政府が借金を増やそうとしても家計には余分な資金がありませんから、南欧諸国のように、外国の人からお金を借りるしかないかもしれません。こうなると、国債市場が不安定化する可能性が高まります。

2つ目は、企業と金融機関の動向です。法人企業は借金をして投資をする主体ですが、経済環境がずっと良くありませんから、投資以上に貯蓄をしています。これがいつなくなるかわかりません。日本経済に回復の兆しが見えれば、企業は積極的な投資を始めるかもしれません。金融機関は企業への貸出ではなく国債への投資を増加させてきました。そのため、今日では金融機関は資産に巨額の国債を保有しています。今後、企業の資金需要が高まると、国債の需給バランスが崩れる可能性があります。国債の需給バランスが崩れて、国債価格が下落すると、金融機関は大量の含み損を抱えることになります。ギリシャ国債を保有していた金融機関はギリシャ国債の価格下落による財務内容の悪化に苦しんでいます。

もし、国内の家計や企業の行動が変化して、貯蓄超過額が減少していけば、財政赤字をファイナンスしてくれるのは誰でしょうか。今は外国に資金を貸している状態ですが、逆に外国からの資金に頼らないと日本政府の財政赤字もファイナンスできなくなるかもしれません。日本の経常収支が2010年代の半ばくらいには赤字に転落するという予測が出ています。2010年代半ばまでにはあとわずかしかありません。実は2011年の日本の貿易収支が赤字に転落しました。経常収支の赤字転落はもっと早いかもしれません。

6.2 財政再建規模のシミュレーション

　国債需要者の立場に立てば、財政赤字の著しい拡大は、政府の債務償還能力に対する不安感を増幅させます。財政再建の実現可能性や政府に対する不信感の高まりによって財政負担が拡大します。その悪影響を [3] 式を用いたシミュレーションによって示すことができます。

　前述した図2-3は、横軸に時間が、縦軸に政府債務対GDP比率がとってあります。日本政府の場合は、図2-3の点線矢印のように政府債務対GDP比率が時間とともに上昇しています。財政破綻を回避するには、まず、政府債務対GDP比率の上昇を抑制し、(細実線のように) 時間を通じて一定にすることが大事です。上昇している政府債務対GDP比率を、時間を通じて一定にすることは簡単ではありません。前述のように、日本政府の場合は、経済環境を考慮すれば、政府債務対GDP比率の上昇を抑制する、つまり財政再建のためには、プライマリーバランスを改善するしかありません。

　政府債務が対GDP比率で増えないようにするということは、[3] 式の左辺をゼロにすることです。[3] 式の左辺をゼロと置いて、右辺の第2項のプライマリーバランス対GDP比率を左辺に移項した新しい[5]式は、政府債務対GDP比率を一定とするために必要なプライマリーバランス黒字対GDP比率（$|T_t - G_t|/Y_t$）の大きさ、つまり必要な財政再建の規模を表します。そして、財政再建規模は、名目経済成長率（g）と国債利子率（r）の大きさ、そして、前年の政府債務対GDP比率（D_{t-1}/Y_{t-1}）に依存することを示しています。

$$\frac{|T_t - G_t|}{Y_t} = (r - g)\frac{D_{t-1}}{Y_{t-1}} \quad [5]$$

　表2-1は、3つのケースの所与の名目経済成長率（g）、国債利子率（r）、そして、前年の政府債務対GDP比率（D_{t-1}/Y_{t-1}）の下で、政府債務対GDP比率を一定にするために必要な財政再建の規模（つまり、プライマリーバランス黒字対GDP比率（$|T_t - G_t|/Y_t$））を示しています。

第2章 政府は破綻するのか　55

表2-1　政府債務対GDP比率を一定に保つのに必要な財政再建規模（PB黒字対GDP比率）

	ケース1	ケース2	ケース3
前期の政府債務対GDP比率：D_{t-1}/Y_{t-1}	100%	100%	200%
国債利子率：r	2%	5%	5%
名目経済成長率：g	1%	1%	1%
PB黒字対GDP比率：$\|T_t-G_t\|/Y_t$	1%	4%	8%

注：3つのケースの計算は以下のとおりである。
　ケース1：政府債務対GDP比率（D_{t-1}/Y_{t-1}）＝100％、利子率r＝2％、成長率g＝1％のとき、政府が政府債務対GDP比率を一定に保つ（$D_t/Y_t=D_{t-1}/Y_{t-1}$）には、GDPの1％のプライマリーバランス黒字が必要になる（つまり、$(r-g)\{D_{t-1}/Y_{t-1}\}=(0.02-0.01)\times 1=0.01$、つまりGDPの1％）。
　ケース2：政府債務対GDP比率（D_{t-1}/Y_{t-1}）＝100％、利子率r＝5％、成長率g＝1％のとき、政府が政府債務対GDP比率を一定に保つには、GDPの4％のプライマリーバランスの黒字が必要になる（つまり、$(r-g)\{D_{t-1}/Y_{t-1}\}=(0.05-0.01)\times 1=0.04$、つまりGDPの4％）。
　ケース3：政府債務対GDP比率（D_{t-1}/Y_{t-1}）＝200％、利子率r＝5％、成長率g＝1％のとき、政府が政府債務対GDP比率を一定に保つには、GDPの8％のプライマリーバランス黒字が必要になる（つまり、$(r-g)\{D_{t-1}/Y_{t-1}\}=(0.05-0.01)\times 2=0.08$、つまりGDPの8％）。

(1)　**ケース1：ベースケース**　　まず、ケース1はベースケースです。今日のいくつかの先進諸国のように政府債務対GDP比率（D_{t-1}/Y_{t-1}）が100％と高い国を考えます。名目経済成長率（g）を1％、国債利子率（r）を2％と仮定します。近年の日本の名目経済成長率は1％程度で、国債利子率は1％台半ば程度ですから、この仮定は日本の実態と合っています。ただし、政府債務残高は全然違います。日本の一般政府債務対GDP比率は200％です。ケース1ではGDPの1％のプライマリーバランス黒字が必要と算出されます。これは、日本の名目GDPを500兆円とすれば5兆円、消費税率1％で2兆円の税収が上がるとすれば、2.5％分です。

　そもそも100％という高水準の政府債務対GDP比率は、高いプライマリーバランス赤字がもたらした結果です。OECDによれば、2011年の日本、ギリシャ、ポルトガル、スペイン、アメリカの各国政府は、対GDP比率でそれぞれ、7.5％、2.1％、1.7％、4.6％、8.0％のプライマリーバランス赤字を抱えています。大事な点は、GDP比率で1％のプライマリーバランスの黒字の実現といっても、マイナス（大きな赤字）からの出発なので、これを現実にあて

はめた場合にはその達成は決して簡単ではありません。つまり、日本政府の場合には、GDP の8.5％分（＝1％−（−7.5％））のプライマリーバランス黒字が必要ということになってしまいます。

(2) **ケース２：政府に対する不信感が高まったケース**　次に、政府に対する不信感の増大や、政府債務の累増を政府が放置するケースを考えます。このとき、市場が国債に対する高いリスクプレミアムを要求し始めるので、国債利子率が上昇します。この状況として、名目経済成長率（g）１％はそのままで、国債利子率（r）が５％に上昇したと仮定します。ケース２では GDP の４％のプライマリーバランス黒字が必要と算出されます。これは、日本の名目 GDP を500兆円とすれば20兆円、消費税率に換算すれば10％分です。

(3) **ケース３：日本政府に対する不信感が高まったケース**　ケース３では、より現実的に日本政府に対する不信感が高まった場合を考えます。日本政府のように GDP の200％という高水準の債務を抱える国にとって、政府への不信感から生じる利子率の上昇は、さらに深刻な事態をもたらします。ケース３では、利子率（r）と経済成長率（g）はケース２と同じですが、前年の政府債務対 GDP 比率（D_{t-1}/Y_{t-1}）を200％としています。その結果、政府債務対 GDP 比率を一定に保つには、GDP の８％のプライマリーバランス黒字が必要になります。これは、日本の名目 GDP を500兆円とすれば40兆円、消費税率に換算すれば20％分です。財政がひどく悪化した政府にとって、対 GDP 比率で８％のプライマリーバランス黒字の達成は不可能で、財政破綻は不可避です。日本政府に対する不信感の高まりはただちに致命傷となります。

7　おわりに

2010年代半ばには、経常収支が赤字に転落する可能性があります。そうなると、日本政府の債務問題は、単なる国内問題では済まされなくなり、世界の経済情勢や金融市場のなかで捉えなければならなくなります。そのため、日本政府に対する不信感が増すと、ただちに国債利子率が上昇し、債務が発散します。

財政破綻の影響は政府機能が麻痺するにとどまりません。国債価格が暴落すると、資産を国債という形で大量に保有している家計や金融機関は大量の含み損を抱えてしまいます。つまり、日本経済に与える悪影響は極めて甚大です。

　財政再建規模のシミュレーションは、日本政府が抱えるGDP比200%という高水準の政府債務が、財政再建を極めて困難にしていることを示しています。このままの放漫財政を放置すれば、日本政府に対する不信感が増幅して、国債金利が上昇し、財政破綻します。そうなる前に、政府がなすべきことはプライマリーバランスの改善、つまり、歳出削減と増税です。民主党政権は「財政運営戦略」でプライマリーバランスの改善を目標として掲げただけになっています。民主党政権は、社会保障と税の一体改革と同時に消費税率を2014年4月に8％、2015年10月に10％まで引き上げる方針です（2012年1月6日閣議報告「社会保障・税一体改革素案について」)。ただし、2015年度までに仮に消費税率が5％引き上げられても、この水準はあくまでもプライマリーバランス赤字を半減するという財政運営戦略の最初の目標のためでしかありません。これで増税は終了と思ってしまうのは大きな誤りです。半歩だけ前に踏み出そうというだけで、民主党内は分裂し、野党も猛反発しています。2010年代半ばに間に合うように、早急にプライマリーバランスの黒字化への道筋を付けること、つまり増税とそのタイミングを公約することが政治の責務です。

　予算の大半を公債金収入に依存している現在の財政状況は持続可能ではありません。日本の租税負担率は国際的に見て低く、増税の余地はあります。同時に、聖域化した領域にも歳出削減のメスを入れなければなりません。しかし、社会保障と税の一体改革では社会保障費抑制にほとんど切り込めず、負担を若年世代や将来世代に押し付ける結果となりました。社会保障費の増加とともに、歳出全体が増加して当然という認識は他国では通用しません。また、消費税増税の前提として議論されている、国会議員の定数削減、国家公務員給与削減、独立行政法人改革などはどれも既得権者の抵抗にあって十分な効果があげられるかどうかは未知数です。

　高い経済成長率が、財政破綻の可能性を低めるという認識がもっと共有され

るべきです。経済成長率を引き上げるには、政府支出を生産性の高い分野に振り向けること、規制改革や自由貿易・TPPの推進といった経済政策が不可欠です。これまでの規制改革や構造改革のなかで、何が経済成長に最も効果的であったかをきちんと評価して、民主党政権は自らの「新成長戦略」を再構築する必要があります。

　日本国民が今なすべきことは、将来世代の負担で行政サービスを享受したり、生活したりする現状をただちに改めて、政府に責任ある公共政策、経済政策を実現させることです。

参考文献
内閣府「国民経済計算」(http://www.esri.cao.go.jp/jp/sna/menu.html)
OECD, Economic Outlook No.90, 2011

■解説：政府の財政状況を純債務で捉えるのは正しいか

　財政状況を評価する際には、負債だけではなくて、純債務でみる必要があるという考え方があります。すなわち、政府の持っている債務から資産を控除したうえで財政状況を評価するのです。

　確かに、一般政府の債務が1000兆円あるのに対して、バランスシート的にいうと、政府としても資産もかなり持っています。小泉内閣のときには、資産を活用して借金を減らすアイディアがたくさん議論されていました。実際に国や地方自治体でも公有資産の売却や有効活用がはかられています。民主党政権になってからそういうことがあまり出てこなくなりました。資産を有効活用してできるなら負債を圧縮するのは当然の話です。

　しかし、政府が持っている資産は債務を返すための目的としたものではない可能性があります。したがって、バランスシートの左側に資産があるから、それで帳消しにしてよいとは、単純にはいきません。日本政府は、すべての資産をもってしても借金は返せないという状態です。

　OECDによれば、日本政府の純債務は2000年代にイタリアを抜いて、OECD諸国で最悪の状態になりました。2010年ではGDPの116％とOECD諸国で最悪の水準でした。しかし、2011年にギリシャが日本を上回り、ギリシャが133％、日本が128％となりました。この2カ国だけが際だって高い状況です。さらに今後も拡大し、2013年には日本政府の純債務はGDPの142％に到達し、ギリシャ政府の純債務はその上の148％になると予測されています。他方で、2013年にはイタリアが99％、ポルトガルが84％、スペインが52％となると予想されており、はるかに低い水準です。

　日本政府の財政問題に関する楽観論はさらにいくつかあります。たとえば、金利上昇過程で、政府からの金利支払いが国民や企業に入るのだから問題ないのではないかという誤解もあります。確かに、国債の保有者には金利収入が入

るのかもしれませんが、誰かがもらったお金は必ず誰かが負担しているというのが、世の中の常です。政府の利払費が増える分、私たちはより多くの税金を納める必要が出てきます。一般会計の2011年度当初予算92兆円では23％程度、金額でいうと、22兆円程度が国債費として充てられることになっています。そのうち、国債の償還費は12兆円で、利払費は10兆円弱程度です。2011年度は、新規に44兆円程度国債を発行していますが、12兆円程度しか返済していませんから、国債残高が30兆円程度増加します。ただ、現在は、国債の利子率が非常に低いので歳入の23％程度の国債費で済んでいますが、利子率が上がると、利子を返済するだけでより多くの負担が必要になるだけでなく、他のサービスの提供に支障が出る恐れがあります。

　また、金利上昇の過程で国債価格が下落しますので、国債の保有主体である私たちは大きな含み損を抱えるかもしれません。金融機関が大量に保有する国債の価値が下落して、金融危機が再発するかもしれません。

第3章　公共事業を仕分ける

中東　雅樹

1　はじめに

　今日は「公共事業を仕分ける」という、最近の流行り言葉を取り入れたようなタイトルにしましたが、この講義を始める前に、「公共事業」という言葉を聞いた時にどのような印象なり疑問を持っているかを、皆さんにお聞きしたいと思います。

　〔回答者1〕私は建設業に勤めているのですが、率直にいうと、公共事業は端からは悪者扱いされているという気がします。
　〔回答者2〕税金の無駄遣いという印象が若干あります。公共事業を、いつどこで誰が決めているのかが、よく見えないのです。
　〔回答者3〕胡散臭いという印象があります。誰かが儲けるために、というか、ドロドロしたものが入っているような気がします。

　今のご意見を聞いている限り、公共事業には胡散臭さがあり、すべての悪がここに集中しているというイメージを抱いておられるように感じます。
　これからお話しする内容は、全体として、公共事業はなぜ今のような形で行われているのか、そして、それを踏まえて、将来に起こりうる問題に対して公共事業はどうあるべきかという話をしたいと思います。具体的には、まず、公共事業はどういう観点で評価しなければならないのかについてです。いつ、どこで、誰が決めているのかという疑問に100％答えられるわけではありませんが、そのことについても触れたいと思います。また、この結果として公共事業ができるだけ悪者扱いされないようになればいいと思っています。2つ目は、

経済学では日本の公共事業をどのように評価してきたのかについて、学者の研究を踏まえて話をします。そして最後に、将来に向けた公共事業のあり方について話します。

この講義では、最終的に1つの結論を導き出すのではなく、こういうこともありますし、こういうこともあるけれども、皆さんはどう考えますか、というように、皆さんが公共事業について改めて考えるきっかけになればいいと考えております。

2　データから見る公共事業

まず、本論に入る前に、公共事業に関連する統計データを見ながら、公共事業の経済における位置取りを明らかにしていきます。なお、統計データを示すときに公共投資という用語を使うことがありますが、公共事業により支出された金額を表す用語と考えてください。

2.1　公共投資の規模

図3-1は、1955(昭和30)年以降の公共投資の大きさの推移を見たものです。公共投資は、第二次世界大戦後、高度経済成長期に入ってから拡大傾向を示していますが、1970年代に入ってからは、公共投資の規模はさらに増えることになります。これは、全国的に社会資本整備を進める政策がとられた結果です。その後、景気対策も兼ねた公共投資が行われます。公共投資の変化の仕方を見てもらうとわかりますが、1970年以降、公共事業が増えている時はだいたい景気が悪い時です。公共投資を増やすことによって需要を拡大し、景気を回復させようという政策が積極的に行われていました。直近で皆さんの印象に残っているのは1990年代のバブル経済崩壊後の景気対策でしょう。1990年代だけで、だいたい100兆円の公共投資が行われました。

ただし、公共投資による経済の回復は、結果的に目に見える形では表れていなくて、ちょうど10年ほど前に公共投資に対する批判が出てきました。先ほど

第3章　公共事業を仕分ける　63

図3-1　実質 GDP 変化率と公共投資の対 GDP 比の推移

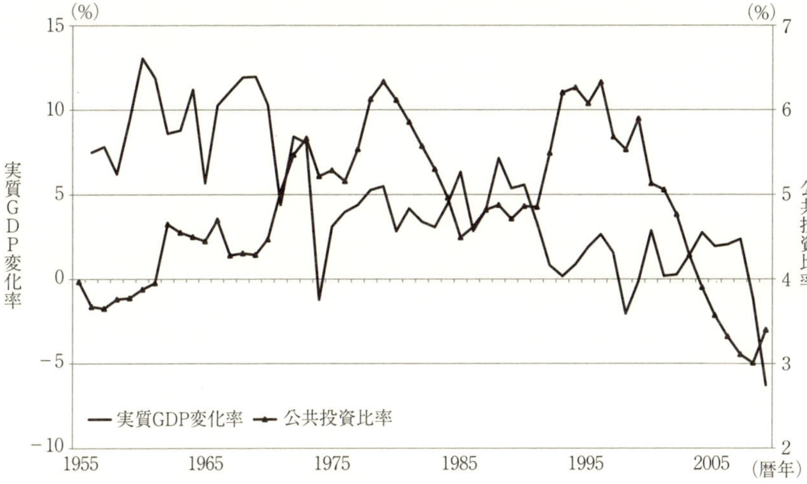

出典：内閣府経済社会総合研究所『国民経済計算年報』。

皆さんが税金の無駄遣いをしているという印象が強いのも、自動車がまったく走っていない高速道路がテレビの映像で流れたりしたこともあってのことでしょう。その後、公共投資は急激に下がることになり、最近は GDP に対して3％くらいです。日本の GDP が500兆円くらいだとすると15兆円程度になります。

2.2　地域経済への影響

そして、2000年以降の公共投資の削減について、地域経済を冷え込ませたという指摘があります。図3-2は、公共投資の地域経済への影響を見るために、1998年から2008年にかけての各都道府県の経済成長において、公共投資の削減がどれくらいのインパクトを持っていたのかを寄与度で計算したものです。

全体的には、公共投資の寄与度はすべてマイナスになっていますが、これは公共投資の削減が全国的になされていたためです。そして、地域経済へのインパクトは、明らかに都市圏よりも地方圏のほうが大きいことがわかります。特

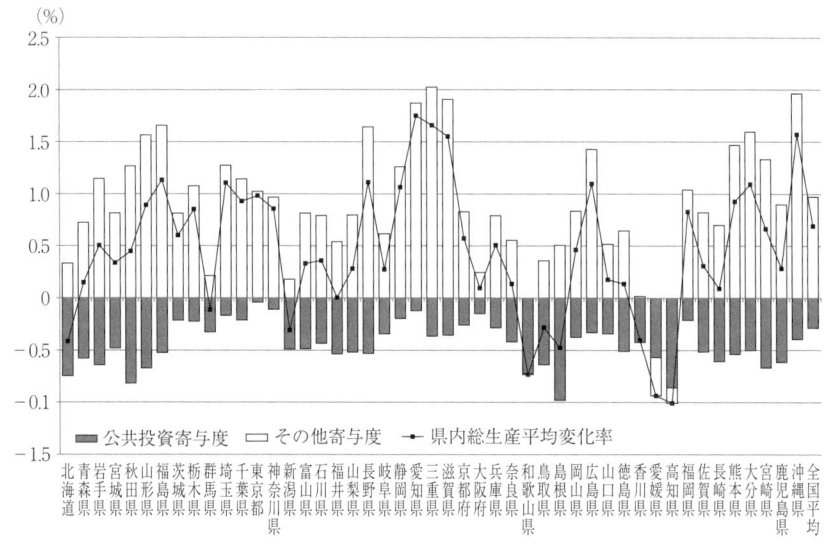

図3-2 実質県内総生産の平均変化率における公共投資の寄与度

出典:内閣府経済社会総合研究所『県民経済計算年報』。

に、北海道や青森県、群馬県、新潟県、和歌山県、鳥取県、島根県、徳島県、香川県、愛媛県、高知県では、公共投資の削減が公共投資以外の需要の変化を帳消しにしてしまうくらい下がっています。

また、新潟県に着目すると、島根県や鳥取県ほどではありませんが、公共投資の削減による経済へのインパクトはかなり大きいといえます。さらに新潟県では、経済成長率そのものがこの10年間でマイナスになっていることも注目に値するでしょう。

2.3 国債の新規発行額と発行残高

そうしたなかで、国債の債務残高は右肩上がりになっています。図3-3は、国債の新規発行額、つまり毎年何兆円国債を発行したかと発行残高の推移を示しています。そして、国債の新規発行額は建設国債と赤字国債に分けて示しています。建設国債は公共事業の費用を調達する国債で、財政法上で認められて

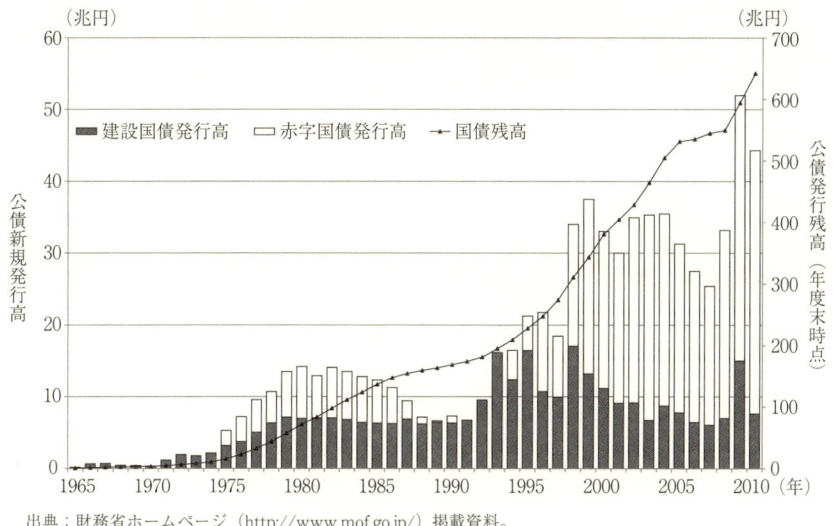

図3-3　国債新規発行高と国債残高の推移

出典：財務省ホームページ（http://www.mof.go.jp/）掲載資料。

いるものです。一方で、赤字国債は、原則発行できないのですが、特別な法律が制定されれば発行できることになっています。

　1990年代に公共投資の規模は急激に拡大しています。2000年代に入ってからは低いままです。建設国債は、一部、特殊要因によって上昇しているところはありますけれども、現在は7兆円から8兆円くらいにすぎず、非常に低いレベルといえます。一方で、赤字国債は急激に拡大していることがわかります。つまり、公共投資以外の支出が税収より大きくなっている結果です。

　こう見てくると、公共投資は散々叩かれてはいますが、この10年の減りようを考えれば実際上はもはや、日本経済全体に対しては、それほど重要視される問題ではなくなりつつあるのではないかと思われます。その一方で、地域経済への悪影響が大きいこと、そして公共投資が減り、維持補修にすらお金が回らなくなっているなかで、将来、社会資本の質がだんだん低下してくるのではないかという懸念が出てきています。ただし、財政状況が悪いこともあって、社会資本を維持していく必要性とのバランスをどうとるかという問題を突き付け

ており、未来に向けて考えていかなくてはならない問題であろうと思います。

3　政府による資源の利用

ここからいよいよ本論に入ります。はじめに、公共事業をどういう観点で評価しなければならないのかについてお話しします。

3.1　経済的機能から見た政府の存在意義

まず、政府がなぜ存在しなければならないのかについての話からスタートしましょう。

私たちは、モノやお金を、生産に使ったり、それを食べたり飲んだりすることによって社会的な生活をしています。政府部門は、税や国債の発行などによって借り入れたり、労働力、つまり公務員を雇い入れるために、本来私たちが利用すれば生産や消費活動に回すことができる資源の一部を強制的に吸い上げます。その吸い上げた資源は、政府がサービスの生産や、ある特定の人に支給することを通じて、社会全体の幸福度、豊かさを引き上げるために使われることになります。

もし政府の活動が社会の役に立っていないのであれば、単なる無駄遣いになってしまいます。政府が吸い上げた資源をまったく有効に使っていないわけですから、他のことに使ったほうがよかったはずです。その機会を政府が奪ったことになります。

公共事業を行うことも、基本的にこの話と同じことです。民間部門から資源を一部吸い上げて、公共事業を行い、社会のために役立っていれば効率的だといわれますし、役立っていないとみなされれば無駄といわれるわけです。

3.2　公共事業は何を供給しているのか？

次に、公共事業をすることで何が私たちに提供されているのでしょうか。ここではわかりやすい例として道路を取り上げることにしましょう。

道路は、仕事をしたり遊びに行ったりするときに使います。このとき、道路を利用することを経済学的には道路サービスを利用したという言い方をします。そうすると、道路を作ることは、私たちに長期間にわたり道路サービスを提供することになります。生産者や消費者は、道路サービスを生産活動に使ったり、消費したりします。たとえば運送業者であれば、道路サービスを使ってより早く確実に配達することができますし、私たちであれば、道路サービスを使って観光地に行き、楽しい思い出を得ることができます。

このように、公共事業は、長期間にわたりサービスを提供しており、こうしたサービスは一般的に「社会資本サービス」と呼ばれます。

3.3 社会資本サービスと一般的な商品の違い

次に、社会資本サービスにはどのような特徴があるでしょうか。最終的には、先ほどの、いつ、どこで、誰が決めているのかという話に通じるところです。

これを考えるにあたっては、社会資本サービスと、私たちが通常、スーパーやコンビニエンスストアで買う商品とを区別しておく必要があります。では両者の違いは何でしょうか。

スーパーやコンビニエンスストアで商品を買うときはお金を払います。お金を払わずに手に入れたら泥棒です。一方で、高速道路を除いて、一般的な道路を使った時に利用料金は払いません。一般的な道路は無料で利用しますが、実際に利用料金を徴収できるのかというと、ほとんどの場合不可能か、できたとしても莫大なコストがかかってしまいます。

たとえば万代橋は、橋ですから利用の有無がはっきりとわかりますので、利用料金を取ることは可能でしょう。しかし、そのあたりにある道路はそうはいきません。たとえば道路1メートルを歩くと5円の料金を支払わなくてはならないとしましょう。その場合、道路サービスを供給する人は、利用者に対して何メートル歩いたかを自己申告させるか、私たちの頭の中にGPS端末を埋め込んで利用した距離に応じて料金を取るか、24時間監視して利用者から料金を集めることになるでしょう。確かにこれらはできなくはないでしょうが、それ

をやるのには膨大なコストがかかります。このように、利用料金の徴収額よりも利用を監視するコストのほうがかかってしまうわけです。

そうすると、社会資本サービスは、利用料金を徴収することに資源を使っても社会的にはあまり効率的とはいえないでしょう。したがって、社会資本サービスは、利用料金として徴収せずに別の方法でお金を集めることになります。

社会資本サービスが一般的な商品と違うもう1つの点は、供給されていれば消費者が1人加わっても、その分のコストが追加的にかかるわけではないことです。道路の場合でいえば、通常スムーズに道路が流れている状態のところに新たに車が1台入ってきてもスムーズに流れることには変わりないわけです。

そうすると、社会全体にとって望ましい水準を実現するには、渋滞していなければいくらでも無料で利用させるほうがいいのです。言い換えると、対価を取らず、渋滞しない程度に多くの人々に利用させることが、社会にとっては良いことになります。

これは、スーパーやコンビニエンスストアで売っている商品とはまったく違います。私たちが追加的におにぎりを1個買おうと思えばそのおにぎりは作らないといけません。つまり、1人が追加的におにぎりを1個買うために何らかの意味でコストがかかるのです。しかし、道路の場合、1回作ってしまえば、1人だけ使おうが、2人使おうが、100人使おうが、渋滞しない限りは同時に利用できます。

3.4　社会資本サービスの供給主体

このような両者の性質の違いは何をもたらすのでしょうか。まず、利用料金を徴収できないということは、誰がどれだけ利用したかを知ることができないという結果をもたらします。一般的な商品において使用した量は売上額として捉えることができますが、社会資本サービスは、最終的に利用料金として集めることがないため、誰がどれだけ利用したかがはっきりせず、結果的に社会の構成員の評価を観察できません。別の言い方をすれば、社会資本サービスがどれだけ社会に役立っているかを知ることができないことになります。

もう1つは、利用料金を徴収できませんので、社会資本サービスを提供するためのコストは別の方法で調達しなければいけないことになります。

　困りました。誰がどれだけ使ったかがわからず、社会資本サービスを提供するために必要なお金は別途集めてこなければならないのです。そんなことをできるのは政府くらいでしょう。もちろん、政府である必要もないのですが、たとえば私が供給主体になったとして突然何の根拠もなく「あなたは費用負担として1万円を出しなさい」といったところで払ってもらえることはないでしょう。このように考えれば、強制的に社会資本サービスを提供するためのコストを集めることが実際にできる供給主体は、政府しかないのです。

　また、政府は実際上、公共事業の評価が観察できないので、たとえば道路の幅を何車線にするかとか、どこに道路を作るかなどについては、政府は自ら決めなければなりません。このように評価がはっきり知ることができないなかで、社会資本サービスの供給水準を決めなければならないからこそ、いつ、どこで、誰が決めるのかという胡散臭さを生み出すことになるわけです。

　したがって、費用負担の方法や、どこにどれくらいの規模のものを作るかという供給水準は、政府、つまりみんなの意見を集めて決めるという形をとらざるをえません。とはいっても、1億2000万人いる日本人全員に聞くわけにはいきません。

　そこで、現実的で可能なのは、基本的には人々を代表する議員からなる議会で決めることです。たとえば国会議員なり、県会議員なり、市会議員は、私たちの利害を代表して出てきて、費用負担や社会資本サービスの供給水準について話をします。議員は万能ではありませんから、通常はそこでも分業が起こります。議員は議員活動として利害対立の調整をやることに力を注ぎ、道路や橋、堤防、ダムなどの供給水準を計画、実現する人々は、別途、専門家として従事させることになります。その専門家集団として行政が存在しているわけです。

　したがって、人々の意見を集めて決めるときに、合理的に進めるために行政が供給水準や費用負担方法について計画を立てることになります。その行政が計画したものを議会で審議するわけです。総理大臣の答弁を見ていると、よく

後ろから紙が出てきて、それを読み上げたりすることがありますが、これもそのプロセスの表れでしょう。

そうすると、行政はまっとうに計画を立てているかが問題になります。これについてより詳細な内容の説明はしませんが、現実的な手段として行政が計画を作ることに関与し、それをもとに議会が決めるというスタイルをとるのです。

政府は、公共事業を行うには避けて通れない存在であることがわかるでしょう。

3.5 公共事業における費用と経済的利益の発生タイミング

次に、公共事業の費用と経済的利益が発生するタイミングを考えてみましょう。この話は、なぜ公共事業を行うときだけ公債を発行していいのかという話につながります。

公共事業を行うにはコストがかかります。たとえば道路を考えましょう。道路が完成して供用されると、道路サービスが提供されることになります。当然その道路を維持するためには毎年コストが発生します。ただし、道路はメンテナンスをしていけば無限に使えます。ただし、コストの中身をみると、大半は完成までのタイミングで発生し、維持するためのコストは小さなものです。その一方で、経済的利益は存在し続ける限り発生します。

この例を踏まえると、社会資本サービスにおいて費用の多くはある一時点で発生しますが、経済的利益は未来永劫発生することになります。社会資本を建設する時点にいる人だけで費用をすべて負担することは、将来の人に無料でいい思いをさせることになります。それはいくらなんでも不公正で、受益者負担、つまり経済的利益を得た人が負担するべきだ、という考え方が公正だと考えるのであれば、建設している時点では借り入れを行って、将来、税により回収するということを行えばいいのです。

一方で、社会資本サービス以外で政府が提供しているサービスは、費用がかかった時点で経済的利益が発生します。こうしたサービスを、借り入れにより

資金調達して提供すると、経済的利益は、このサービスを受けた人だけが得ることになりますので、将来世代の人は、経済的利益を得ることなく負担だけが残った状態になります。このことを喩えていえば、おじいちゃんが飲んだくれで、財産を食いつぶして借金だけ残して亡くなり、その子どもや孫たちに負担だけ残された状態です。

公共事業はそうではありません。たとえば、私が建てた家を子や孫が使うことを考えましょう。子どもや孫たちはその家を利用して恩恵を受けるわけですから、私が「お前らは、俺が残した借金を返せ」といったとしても、子どもや孫たちは文句をいえないでしょう。

つまり、公債発行をして資金調達をすることが公共事業に認められているのは、費用と便益の発生のタイミングがずれるからなのです。だからこそ、一概に公共事業のための借金が悪いわけではありません。

もちろん、どんな公共事業でも借金しても良いわけではなく、社会資本サービスから得られる経済的利益よりも費用が上回るような公共事業をやることは、結果的に社会全体の幸福度を低めることになるので、無駄であるといえます。

3.6 受益と負担のバランスの問題

最後に、もう1つ残された問題は、誰が公共事業の費用を負担するのかという問題です。ある人にとってはすごく良い公共事業かもしれませんが、別の人にとっては費用ばかりかかって、何ら恩恵を受けない公共事業も当然存在するでしょう。そのとき、公共事業においては、経済的利益と費用負担とのバランスの問題が発生するのです。

まず、公共事業は社会全体で見たときに役に立っていなければなりません。社会全体の資源を部分的に吸い上げてそれを公共事業に使うわけですから当然のことです。さらに、ある地域や個人に限って見たときに、その地域や個人にとって経済的利益が費用負担より大きいか否かで評価し、その公正さを判断することもあるでしょう。

先ほど、公債で借り入れをして公共事業をすることは、無駄でない限りは良いことだといいましたが、あくまで社会全体で見て無駄があるかないかで評価しています。一方で、個別では経済的利益の大きさと費用負担の大きさが対応していない可能性は十二分にあります。つまり、社会全体としては費用より経済的利益が大きくても、個別にみると費用負担よりも経済的利益が大きくないことが生じるために、利害対立が発生してしまうことがあるのです。

　北陸新幹線が良い例かもしれません。北陸新幹線の延伸事業は、社会全体としては費用より経済的利益がかなり大きいといわれています。それはあくまで日本全体での話です。それぞれの地域、具体的にいえば、新潟県や富山県、石川県、長野県にとってどうかという話になると結論が違ってくるかもしれません。また、新潟県の中でも、上越地域、中越地域、下越地域で違ってくるかもしれません。

　そうやってどんどん細分化していくと、経済的利益が費用負担よりも大きく得をする人がいる一方で、費用負担が経済的利益よりも大きく、損をしている人もいるかもしれません。つまり、必然的に、社会全体では良いという話は、個別で見ると全員が良くなるわけではない場合もあるのです。

　社会全体で公共事業の費用よりも経済的利益が大きければ、費用負担をうまく割り振ることで、全員が経済的利益より費用負担が大きくなるようにすることはできるはずで、そうすることが本当は望ましいのですが、そこに先ほど述べた、誰がどれだけ経済的利益を得ているかがわからないという問題が出てきてしまうのです。一般的には個別に費用負担と経済的利益のバランスをとるように費用負担を割り振ることが難しいのです。

　後で述べる公共事業の経済効率性の評価は、基本的には、社会全体で公共事業のために投入したコストを上回る経済的利益があるかどうかで判断します。現在、公共事業を行うときには、費用便益分析を必ずやりなさいといわれているのですが、これは社会全体で見た経済的利益がコストを上回っているかによる経済効率性で評価していることに注意しておくと良いでしょう。

　この結果、個人レベルでは利害対立が起こる可能性があります。その個人的

な利害対立が現役世代だけならいいのですが、公共事業は、経済的利益が将来にわたって発生しますから、今は生まれていない人の利害がからんできます。まだ生まれていない将来世代も経済的利益を得る可能性があるので、社会全体で決める時に決定に関与すべきなのですが、まだ生まれていませんからその決断に関与できません。この点から、公共事業は社会保障よりもややこしいといえるでしょう。社会保障の場合、現役世代間で合意がとれればそれでいいのですが、公共事業の場合は、経済的利益が発生する期間が長く、利害関係者が、現役世代の人々だけでなく将来世代の人々も含んでいるのです。

　公共事業は、そういうことをすべて考えたうえで、供給水準を決めたり、どこに作るかを決める必要があります。また、利害対立の調整は、政治の場で行われます。

　したがって、いつどこで誰が決めているのかという疑問に対する答えは、現実的には、行政が計画案を出し、最終的な決断は議会など、基本的に政治の場で下されます。ただ、政治の場においては、代議員たちが正確に私たちの意見を反映する形で出ていればいいのですが、そうはいえない場合もあります。社会で1つのことを決める難しさを改めて感じます。

　このように公共事業を決めるときには、絶妙なバランス感覚をもって行う必要があります。そして、利害対立が複雑になればなるほど、計画を作る行政は高い能力を求められるのです。

　結局、公共事業の評価において注意しなければならないのは、①社会全体で見たときに公共事業にどれくらい割り当てるべきなのか、②割り当てられた公共事業が効率的に配分されているのか、③公共事業が経済的利益と費用負担のバランスをうまくとって行われているのか、ということになるでしょう。

4　公共事業はどのように評価されているか

　次に、公共事業の評価において注意しなければならないことを踏まえて、これまでの学者の研究から公共事業はどのように評価されてきたかをできるだけ

簡潔に述べたいと思います。

公共事業は、2つの視点で評価されます。1つは公共事業による支出が経済全体にもたらす影響です。その影響のしかたを時間の順に追ってみましょう。

建設時点では、人を雇ったり、機械を導入したりしなければなりません。この時点で建設の需要が発生します。そして、完成後は、社会資本サービスが生産活動に使われたり、消費されることで経済的利益が発生します。

もう1つの視点は、公共事業が費用と経済的利益が見合っているかです。公共事業を行うことは、建設費用だけでなく維持費用がかかりますが、完成すれば経済的利益が発生します。公共事業の費用と経済的利益の大小関係はどのようになっているかという話が出てきます。

以下では、それぞれの視点での評価について見ていくことにしましょう。

4.1 短期的な経済効果と長期的な経済効果

最初に、公共事業による支出が経済全体にもたらす影響の話に進みましょう。

公共事業がもたらす影響のうち、社会資本を建設するときに発生する需要によってもたらされる経済効果は、公共投資の短期的効果といわれます。これは財政政策の有効性につながるのですが、建設需要によって、受注企業が生産を増やし、受注企業で働いている人々や株主の所得になり、それを使うことで経済全体に波及していくプロセスを経ています。いわば「風が吹けば桶屋が儲かる」ようなものです。ただし、この需要は、社会資本が完成したら終わりです。

もう1つは、完成後供給される社会資本サービスが、住民が消費財として用いることで生活の質の改善をもたらし、生産者が生産要素として用いることで供給能力の向上をもたらします。これらの経済的利益によりもたらされる経済効果を、公共投資の長期的効果と呼びます。このうち、特に生産者の供給能力の向上による経済効果のことを、社会資本の生産力効果と呼びます。

研究者はこれらについて調べて、公共投資が社会全体にどのように役立っているかを評価しているのです。

公共投資の短期的な効果については、実はあまり役に立たないのではない

か、波及効果がそれほど大きくないのではないかといわれていて、実証分析でもそういった指摘が多くあります。

　また、短期的効果については、需要を発生させるという意味では、公共投資もそれ以外の支出でも違いはないはずなのですが、支出の種類によって経済効果が違うということがいわれることがあります。たとえば、ごみ収集サービスのようなものへの支出と公共投資を比べると、公共投資で使うほうが経済効果が大きいという指摘です。ただ、この結果は、実際のデータで分析してみるとそのようにいわれているのですが、どういうメカニズムで発生するかははっきりとしておりません。

　考えられる原因として2つあります。1つは、供給能力が引き上がることによって新たな民間部門の投資需要を生み出している、というものです。社会資本を建設することによってより効率的な生産活動ができるようになるために、より民間投資が活発になることを通じて、経済全体が活性化する、というものです。

　もう1つは、公共投資と、ごみ収集サービスなどの公共事業以外に支出することを比べると、最終的に所得を得る人が違うために効果が違うのではないかというものです。たとえば、公共事業を行うと建設業者の生産が増えますが、それは働いている人の所得になり、その人がパーッとお金を使っているのであれば、経済効果が大きくなるかもしれません。ただし、これも実際どうなのかは何ともいえないところです。

　公共投資の長期的な効果については、特に社会全体で見た生産性の向上が見られるかに関するものと、分野配分や地域配分などにおいて公共投資は効率的に配分されているかに関するものの2つが論点としてあります。

　社会全体で見た生産性の向上、つまり公共投資を行うことによって社会全体の供給能力を引き上げる効果は、世界各国どこでも存在することが基本的に認められていますし、公共投資が大きいところが経済成長率も高いという関係があることも知られています。

　また、公共投資の配分の効率性についての評価は、社会全体としての効率性

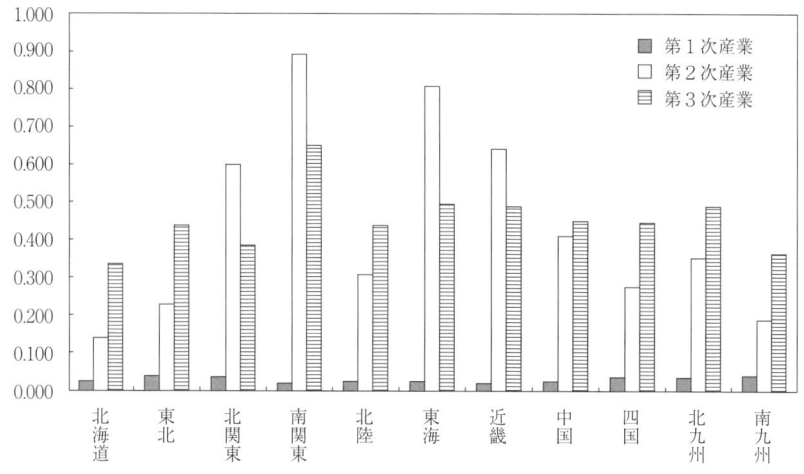

図3-4 産業別・地域別の社会資本の生産力効果

■ 第1次産業
□ 第2次産業
▤ 第3次産業

北海道　東北　北関東　南関東　北陸　東海　近畿　中国　四国　北九州　南九州

出典：吉野・中島編（1999）より転載。

はいったん脇に置いておいたうえで、経済効率性を相対的に比較することに限定しています。具体的に、配分の効率性は、地域間の配分や分野別の配分、国と地方での配分における議論があります。

　これまでの研究結果を大まかにまとめると、図3-4にあげたように地域間の配分はかなり非効率であるといわれています。また、分野別の配分については、先ほどいったように生産能力を引き上げる効果と、私たちの生活を豊かにする効果の2つがありますから、全体として見たときの良し悪しは一概にはいえないところがあります。そして、国と地方での配分、つまり事業主体別の配分については、地方自治体が自らの意思で実施している事業は、国庫補助を得て行っている事業に比べて効率的だということもいわれてはいますが、本当にそうなのかは疑わしいところもあります。

4.2　費用と経済的利益が見合っているか

　2つ目の費用と経済的利益が見合っているかについては、一般的に費用便益

分析という方法によって評価をします。一般的にこの手法は、個別の事業を対象にして評価する場合に用いられます。また、公共事業においてかかるコストと発生する経済的利益を比べるときに、費用便益比率というものを用います。費用便益比率とは、コストに対する経済的利益の比率です。費用便益比率が1を上回っていれば、その事業は社会にとってプラスの経済的利益をもたらすといえますし、費用便益比率が1を下回っていれば、それは費用よりも経済的利益が小さいということになりますので、無駄だと評価し、他のサービスに使ったほうが良い、という評価になるわけです。

　ところで、費用便益分析の考え方を最初に提言したのはデュピュイという19世紀の中頃のフランスで、今でいう公共事業省で働いている土木技師です。もともと、フランスは、伝統的に中央集権的なのですが、公共事業も国が多くのところで関与するスタンスをとっています。そのなかで、デュピュイが費用便益分析を考えることになった動機は、公共事業をどうやって実施するかに関する法的な手続きは大体整っているけれども、社会にとって公共事業が本当に役立っているものかどうかを知る手立てはないのか、そして公共事業は社会にとって本当に役立つものを作っているのかということをきちんと証明したいというものです。

　これをきっかけにして、さまざまな公共事業の経済的利益を正しく測る方法を求めて改良を繰り返しました。主に土木の分野で研究されており、近年は、研究成果が実際の費用便益分析の手法の政策の中でうまく生かせるような形で研究が進み、現実の費用便益分析に取り入れられ、精緻化も進んでいます。また、社会全体の経済的利益が誰にどれだけもたらしているかを表した便益帰着表を作り、個人単位での費用負担と経済的利益の比較をする学者もいます。このように費用便益分析は、手法がより精緻化され、個別単位で見た費用負担と経済的便益の比較を追求する形で研究が進んでいます。

4.3　ストック額からの評価

　公共事業のコストと経済的利益が見合っているかをみる別の方法として、ストック額で評価するものがあります。

　ストック額には、3つの定義があります。たとえば、機械は、動くことによって資本サービスを提供するわけですから、機械の台数を測ることは、どのくらいの資本サービスが提供されるかを知ることができます。このように機械の台数という形で捉えるストック量を経済学では粗資本ストックといいます。そして、機械の台数だけではなくて、この機械がどれだけ生産能力を持っているかも考慮する測り方があります。たとえば、機械が古くなれば新品のときに比べてあまり役に立ちませんが、新しい機械であったら効率的です。このように機械の台数にその機械の効率性を加味して測ったものを、経済学では生産的資本ストックと呼びます。そして、もう1つは純資本ストックと呼ばれるものです。これは、これまでのものとは違って、その機械が将来もたらす経済的利益の大きさを表す指標です。たとえば、古い機械は、新しいものと比べて効率性は落ちていますし、提供できる資本サービスの残存期間は短くなっていますから、将来生み出す経済的利益は小さくなります。このことは機械だけでなく、住宅にもあてはまることがわかるでしょう。

　これらの測り方を踏まえて、日本の道路ストックについて私が最近試算してみたものから、日本の道路資本ストックの状況を明らかにしたものをご紹介します。

　図3-5は、国道と地方道について、先ほどの例でいえば、経済効率性を加味した機械の台数にあたる、生産的資本ストックと、残存価値を表す純資本ストックの推移を見たものです。まず、生産的資本ストックは、国道、地方道ともに一貫して右肩上がりになっています。つまり潜在的に供給される道路サービスの量は大きくなり続けていることがわかります。次に、これらの道路が将来もたらす資本サービスを見た純資本ストックは、最初のうち生産的資本ストックと同じような動きをしていますが、近年はだんだん離れていっていることがわかります。これは、公共投資が削減された結果として生じており、将来

第3章 公共事業を仕分ける

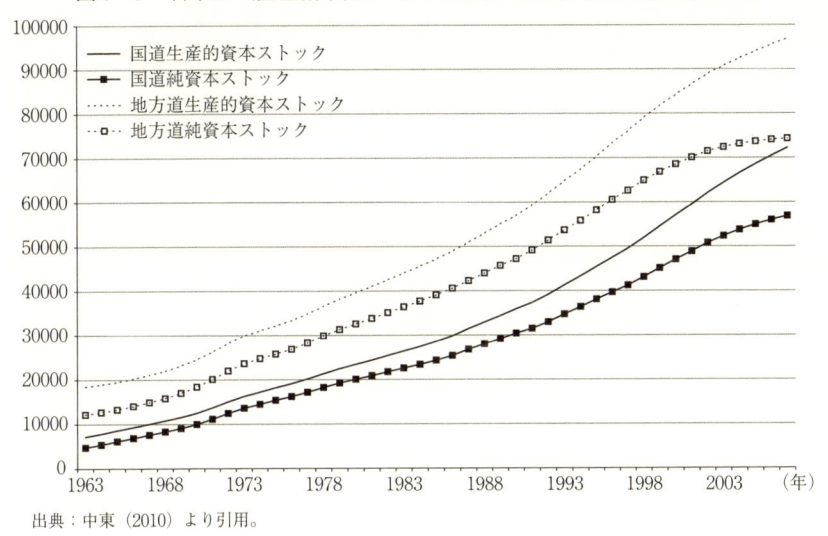

図3-5 日本の一般道路資本ストックの推移（全国、2005年価格10億円）

出典：中東（2010）より引用。

利用できる資本サービスの量は、いよいよ頭打ちになりつつあることを意味します。

そして、このことを年齢構成から見てみることにしましょう。

図3-6は、国道における都道府県別の年齢構成を見たもので、図3-7は地方道における都道府県別の年齢構成を見たものです。まず、地方道と国道を比べると、地方道のほうが古いことがわかります。また、将来に向けて生み出す資本サービスの量は、国道よりも地方道のほうが減っていることが見てとれます。しかも、全般的に、地方圏より都市圏のほうが道路の維持補修に対する懸念は、深刻に考えなくてはならないように思います。東京都や大阪府など、大都市になればなるほど、道路の年齢は高くなっています。つまり将来に生み出す道路サービスの量、残存期間はどんどん短くなっているということになるわけです。逆に、地方圏は、それほど道路は古くなっていないということもわかります。

ところで、道路を維持・管理するためのコストをまかなうときに、公債は発

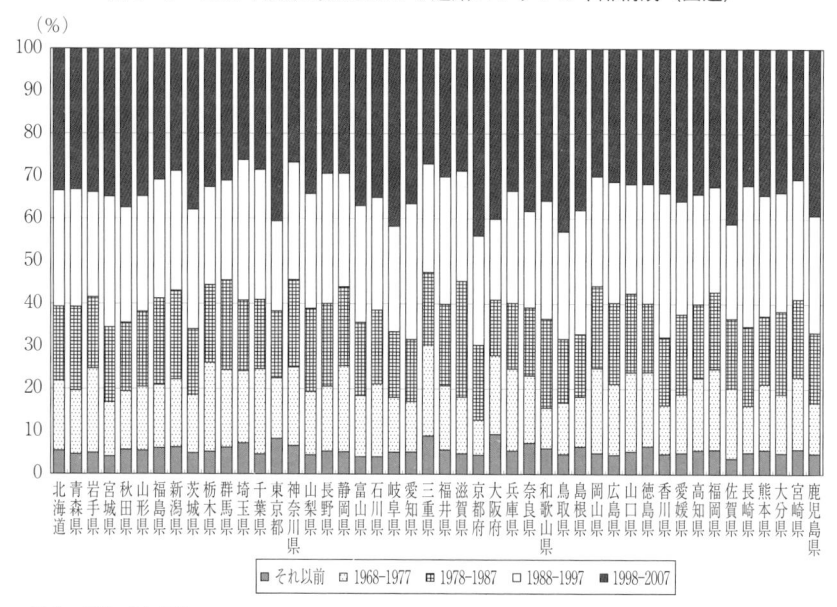

図 3-6 2007年度末時点における道路ストックの年齢構成（国道）

凡例：それ以前　1968-1977　1978-1987　1988-1997　1998-2007

出典：図3-5と同じ。

行できません。つまり、自力で調達できる税を資金源にして維持・補修をしなければなりません。そうすると、その地域の財政力が重要になってきます。そこで、都道府県ごとに財政力の強さを縦軸にとって、横軸に地方道の残存期間をとったものを並べたものが図3-8になります。東京都は、道路自体は古いのですが、財政力は比較的強いですから、維持・補修を自前の税収で行うことはやさしいと考えられますが、都市圏でも財政力の観点から問題視する必要があるのは大阪府や神奈川県です。また、愛知県も、2005年時点では経済状況が良かったのですが、最近経済状況も良くないはずなので、財政力の観点から問題視する必要があるかもしれません。また、地方圏は財政状況が非常に厳しいとはいえますが、道路整備のタイミングが新しかったこともあり、今のところはまだそれほど深刻な影響がないのです。

このように、道路に限った話ではあるのですが、都市圏のほうが社会資本の

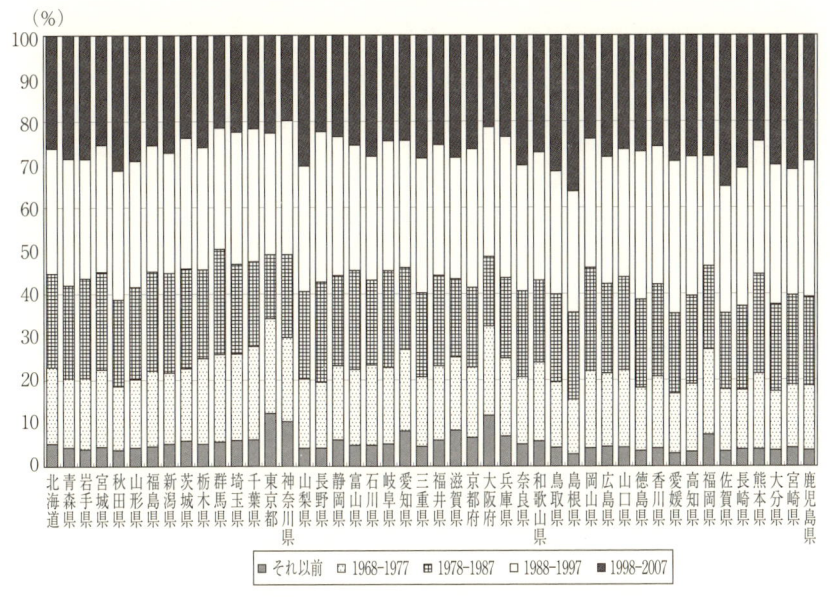

図3-7 2007年度末時点における道路ストックの年齢構成（地方道）

出典：図3-5と同じ。

残存価値の点で見ると深刻な状況になっているということが明らかになりました。地方圏の場合、公共投資の削減が経済に与えた影響は深刻ではあったのですが、資本ストックの水準でみる限り、現段階でそれほど深刻に考える必要はないといえます。

5 これからの公共事業

最後に、将来に向けて公共事業はどうあるべきかということについてお話ししたいと思います。

今後の公共事業でおそらく大きな問題になることとして、1つは、新潟県でも起こっている地域の過疎化と高齢化が進むなかでの公共投資のあるべき姿です。居住の自由は当然存在しますから、その自由を保障するためには公共事業

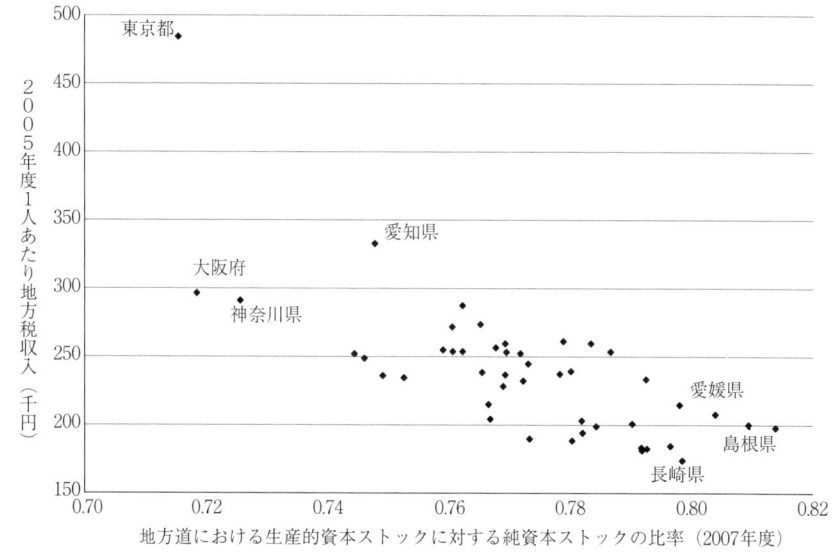

図 3-8　道路の残存価値と財政状況

縦軸：2005年度1人あたり地方税収入（千円）
横軸：地方道における生産的資本ストックに対する純資本ストックの比率（2007年度）

ラベル：東京都、大阪府、神奈川県、愛知県、愛媛県、島根県、長崎県

出典：図 3-5 と同じ。

を行って適切な社会資本を維持しておく必要があります。もちろん、過疎化と高齢化が進んでも、住んでいる人がいる限りは、それをずっと維持し続けないといけないのですが、財政状況が緊迫するなかで、いよいよ考え直さなければならない時期が来ています。

2つ目は、先ほど述べた、都市圏で将来社会資本サービスを提供する期間が短くなってきている、つまり社会資本の資産価値が低下しているなかで、将来世代のことを考え、どれくらい社会資本の維持のための投資をやり続けなければいけないのかについてです。そして最後に公共事業における行政の役割の話をしたいと思います。

5.1　過疎化・高齢化と公共事業

今、地方圏の社会では過疎化と高齢化が問題になっていると同時に、生活をするために移動する距離がどんどん広がっているため、車がないと生活できな

くなっています。したがって必然的に社会資本が重要な役割を果たします。

　しかし、過疎化と高齢化の進行はその地域の受益者が減ることを意味します。経済効率性の観点からは、過疎化と高齢化が進行している地域での公共事業はあまり望ましくなく、都市圏で行ったほうが良いということになります。では、都市圏だけに公共事業を行うとどうなるかというと、社会資本サービスの劣化により過疎化や高齢化した地域はどんどん生活コストが高くなるのです。たとえば、病院に行くにも、近くにないためにタクシーを使ったり公共交通機関を使ったりして移動をしなければならない。ただし、社会資本サービスの劣化によりその移動に時間がかかるとすれば、週に１度ぐらいしか病院に行けないということが生じてしまうのです。

　では、生活コストの増大に対して、過疎化や高齢化が進む地域ではどういう政策手段がありうるのでしょうか。大きく分けると３つあります。

　１つは、近年あまり行われていないのですが、過疎地域自立促進特別措置法による集団移転を勧めるという方法です。これは、ある集落の全世帯が集団で移転したいというと、何らかの形で補助金が出るのです。過去、北海道では比較的多く集団移転をしていたようですが、近年は全国的にもほとんど行われていません。

　２つ目には、社会生活に必要な社会資本サービスは使う人がいなくなるまでは維持し続けるという方策です。

　３つ目は財政支援です。生活コストが高くなった分を金銭で補い、その代わりに、社会資本はあまり維持しないという方策です。

　社会資本サービスを維持するために公共事業をし続けるというのは、生活コストの増加をできるだけ防ぐ手段の１つにすぎないわけです。もちろん、３つのうちどれが選ばれたとしても、居住の自由がある限りにおいては再分配政策は当然必要です。ただし、公共事業がその役割を担う必要があるのかについては、別に考えなければいけません。

　特に公共事業の場合は長期間にわたって経済的利益が発生しますが、過疎化の進む地域においては集落が消滅するということが起こりえます。集落が消滅

した時点で、その地域の社会資本はもはや無用の長物になり、経済的利益を何も生み出さない状態で残り続けることになります。一方で、集落が消滅すると確定しているわけではないのに、社会資本の維持をやめるというのは難しいことも事実です。このように、過疎化が進む地域の生活を守るための手段として公共事業が担うことが果たして公正といえるのかは、1つの論点として考える意味があると思います。

5.2 純資本ストックと公債残高

そして、将来世代との関係という観点でいえば、将来世代が受ける経済的利益と負わされる費用の対応関係がとれているかのチェックが必要です。

資本ストックのところで、純資本ストックという概念を説明しました。また、公債残高は、将来、経済的利益が発生するから、今借金をしてもいいだろうと先送りしたものでした。なお、公債残高は、将来の税負担によって返済しますから、将来世代がお金を払うことになります。

そうすると、現存する社会資本が将来生み出す経済的価値を表す純資本ストックが、現在の公債残高とバランスがとれているかを見る必要があります。これらがバランスをとれていないと将来世代に負担を先送りしていることになります。しかも将来世代の人たちというのはこれから生まれてくる人たちであり、自分の意思を反映できないわけですから、その関係は現役世代が配慮する必要があります。ただし、現存の社会資本の資産価値である純資本ストックと公債残高とバランスがとれているかについては、現段階では明確に評価できない状況であります。

5.3 公共事業における行政の役割

最後に、行政の役割について述べておきましょう。

現代社会では、行政の役割を抜きにして公共事業はありえないことは前にも述べました。昔のような経済が右肩上がりに成長していた時代は、多少失敗してもあまり気にしなくてよかったのですが、人口が減少するといわれている低

成長社会においては、いかに限りある資源を公正に配分するかは真剣に考えなければいけません。したがって、計画を立てる行政には高い能力が必要になっており、行政の重要性はより増しています。あまり行政いじめのようなことはしないほうが良いと私は思います。

　また、私自身、新潟県のダム事業検証検討委員会の委員をやったり、道路ストック額に関する研究をしているなかで考えたことがあります。たとえば、道路には、一般道路と農道がありますが、農道のなかでも農道とは思えないほど立派で一般道路のような役割を果たしている道路があったりします。また、ダムについていえば、治水ダムは別としても、農業の水を確保するために造る利水ダムをつくるときに、同じ川に国交省の別の利水ダムが併存していることがあります。これらは何らかの合理性があって別々の省庁で分担しているのかもしれませんが、類似の事業と考えられるけれども違う省庁が実施している公共事業は、一緒にして実施したほうが、より効率的になる可能性があるのではないかと思うことがあります。特に、土木については、農水省と国交省を一緒にするなどの再構築をしても良いのではないか、ということは私自身思っているところです。もちろん、私は、再構築というときには、結果として効率性が高まり、事業総額を減らすことができる可能性はありますが、最初から事業総額を減らせ、ということをいっているつもりはありません。このように、利害関係が重要になるなかで、行政府の再構築を含めて、行政自身も合理性という意識を醸成していく必要があるだろうと私は考えます。

　最後に、時間が限られているなかで十分に話をすることができなかったところもあります。今日話した内容について詳細を知りたいときには、参考文献などを WEB 上などで探してもらえればと思います。

　そして、今日の話で公共事業を悪者扱いすることが少しでもなくなってくれればいいと思っています。一見すると無駄遣いと考えられることも、実際には無駄とはいえない可能性もありますし、公共事業の財源は税金である以上、個人レベルでは費用負担と経済的利益が合わないことは当然ありえますから、われわれは常に公共事業の決定において難しい判断を迫られることになってい

る、という認識は持っておいてほしいと思います。

参考文献
栗田啓子訳（2001）『近代経済学古典選集［第2期］①デュピュイ　公共事業と経済学』日本経済評論社
総務省コミュニティ研究会『過疎地域における集落の現状と総務省の取組』コミュニティ研究会第2回配布資料（資料4、URL: http://www.soumu.go.jp/main_sosiki/kenkyu/community/）
中東雅樹（2009）「地域経済」吉野直行ほか編著『英語で学ぶ日本経済』有斐閣、第7章
中東雅樹（2010）「都道府県別にみた日本の道路資本ストックの現状」日本財政学会報告論文
吉野直行・中島隆信編著（1999）『公共投資の経済効果』日本評論社

第4章　市民と政府

澤村　明

　最初にお聞きしてみたいのですが、ここに24人いらっしゃいますが、「あなたは政府を信用できますか？」という質問に対して、①信用できる、②どちらかというと信用できる、③どちらかというと信用できない、④信用できない、の4択でお考えを聞いてみたいと思います。

　まず、信用できないという方はどれくらいいらっしゃいますか。あんなもん信用できないと。6人ですね。どちらかというと信用できないという方は？11人ですね。どちらかというと信用できるという方は、4人、信用できるという方は1人おられます。そうすると、無回答の方が2名ということですね。

　今日お集まりの方のうち、24分の5、つまり20％くらいの方しか政府は信用できると思っていらっしゃらないようです。これが果たして日本の一般的な状況と見ていいのか、ということは後でご説明します。

　さて、今日のテーマは「市民と政府」です。なぜ「お上」意識が抜けないのか、ということと、これからの市民と政府の関係はどうあるべきかということを考えようと思います。「お上」意識がなぜ抜けないのか、については簡単に説明して、後で皆さんの意見を聞きたいと思います。これからの市民と政府の関係についての話がメインになります。

1　国家とは何か

　まず、「国家」、「政府」、それから「市民」について、定義の確認をしましょう。

特に「市民」という言葉には、なんとなく左翼のイメージがあります。その理由を確認します。答えから先にいうと、市民イコール「サヨク」というのは半ば真実です。そして半ば嘘です。市民といわれる人たちは今何をしているのでしょうか。暴動する市民というのは昔からいますし、今も世界のいたるところにいます。インターネットを使っている方は目にしたことがおありかと思いますが、「プロ市民」という言い方があります。本当はあまり良い意味の言葉ではないのですけれども、この新しい言葉についても考えてみましょう。

1.1　「国家」、近代国家

まず最初に「国家」とは何かを考えてみます。「クニ」という日本語があります。「国家」と「クニ」は同じではありません。「クニ」は国家を意味することもありますが、より広い意味もあります。この「クニ」という言葉は、英語では4つの単語に相当します。Land、country、nation、state です。nation という言葉には「民族」という意味もあり、state は政治的な存在としてのクニを意味します。

歴史的な国家は大小さまざまで city state、都市国家のようなものもあったのですが、近代になって、国家というのは国民のため、民族のために存在すべきだと考えられるようになり、近代国家は nation state と呼ばれています。nation state は「国民国家」と訳されていますが、直訳すれば民族国家で、民族単位で国を作るということがなんとなく原則になっています。実際には複数の民族がいる国家もあり、それらはわざわざ multinational state、多民族国家という呼び方をするというのが現状になっています。

近代国家、nation state は今いったように nation と state を合わせたものなのですが、land とか country という言葉には、郷土や故郷の意味もあります。日本語の「クニ」でも、政府がくっついてくる nation state をイメージするよりも、land や country の意味と重なることが多いのではないでしょうか。

nation という言葉は戦後日本ではあまりいい意味では使われないところがあって、たとえばナショナリズムという言葉はどちらかというと否定的なニュ

アンスで語られます。英語でもそういう空気はあって、nationalism といわずに patriotism、「祖国愛」という単語を使うこともありますが、「国家」という言葉は案外古く、17世紀初めにキリシタンが作ったポルトガル語の日本語辞書、日葡辞書にも登場しています。

国民国家、近代的な nation state は、硬い言葉で定義すると「統治や支配を専門とする組織を有する社会」です。これは17世紀半ばのウェストファリア条約あたりから出てきた概念で、フランス革命以降その組織が王様のものではなく、市民によって付託されるものという考え方に基づいています。

1.2 「政府」とは何か

今、近代国家を「統治や支配を専門とする組織を有する社会」と定義しました。「政府」は、この「統治や支配を専門とする組織」と定義されます。政府がある社会が国家で、国家の統治や支配する組織が政府である、というのは、2匹の蛇がお互いの尻尾を咥えているウロボロスの蛇みたいですが、政治学でもこういう風にしか定義できないのです。

第1章、第2章で一般政府の範囲について説明しています。これは経済学的な定義で、経済学で政府部門を捉える場合、捉え方に幅があるので、このような定義が必要になるのです。

政治学的に見た場合は、狭い意味の政府と広い意味の政府があります。政府は行政部門（いわゆる霞ヶ関）のみか、立法すなわち国会府、司法すなわち裁判所を含むかによる違いです。狭義の政府という場合には行政部門である官庁の部分、いわゆる「お役所」だけで、国会と裁判所は含みません。広義の政府の場合は国会や裁判所も含みます。

もう1つ、中央政府のみか地方政府も含むのかという違いもあります。日本でいうと国家政府、霞ヶ関のみか、都道府県や市町村も入れるのか、です。

実際に政府について語るときには、シチュエーションによって使い分けています。今日は広い意味の政府で、中央も地方も含めた政府のお話をします。

ここまでは社会科の復習です。

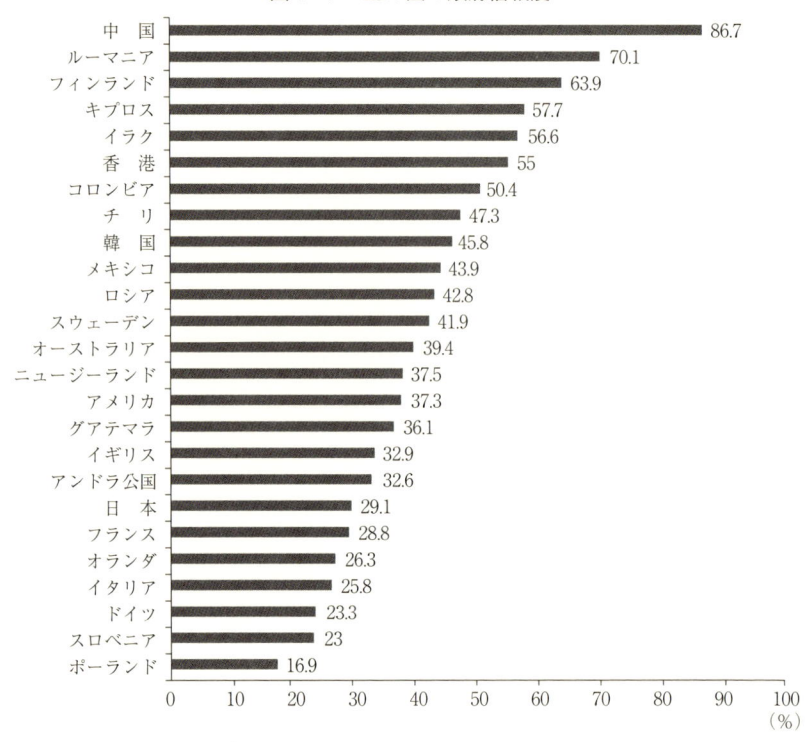

図4-1　25カ国の政府信頼度

国	%
中国	86.7
ルーマニア	70.1
フィンランド	63.9
キプロス	57.7
イラク	56.6
香港	55
コロンビア	50.4
チリ	47.3
韓国	45.8
メキシコ	43.9
ロシア	42.8
スウェーデン	41.9
オーストラリア	39.4
ニュージーランド	37.5
アメリカ	37.3
グアテマラ	36.1
イギリス	32.9
アンドラ公国	32.6
日本	29.1
フランス	28.8
オランダ	26.3
イタリア	25.8
ドイツ	23.3
スロベニア	23
ポーランド	16.9

出典：『世界主要国価値観データブック』2008年版より作成。

　さて、政府、お役所を「お上」といい、頼れる存在、逆らえない存在と感じているのではないか、ということを考えましょう。

　「お上」というときには、頼れるもの、あるいは敵わないものというニュアンスがあります。政府を頼れるものとして信用しているのかというと、さっきうかがったように、この教室では2割くらいの方が頼れるとおっしゃっています。

　図4-1は世界価値観調査です。世界の主要国で、5年ごとにさまざまな意識を調査するもので、これは2005年の25カ国調査からグラフ化しました。日本

における政府部門に対する信頼度をみると、「非常に信頼する」と「やや信頼する」の回答率を合計した、政府を信頼する人は29.1％。25カ国中、下から7番目で、日本人は実はあまり行政を信頼していません。

「お上」意識といわれるように日本人は政府に頼っているという言説がよくありますが、実態として、相対的にはそうでもないのです。少なくともこの調査では、25カ国の中では相対的に日本人は政府を信用していないという結果が出ています。

政府を信頼している人の割合が、この2005年の調査で約30％、今日の皆さんが20％という数字は、時代差と、このテーマに関心のある方はおそらくあまり政府を信用していないというバイアスがあることを考えると、予想の範囲内だといえるでしょう。

政府はなぜ存在するのか、なぜ必要なのかは、第1章でも取り上げましたが、ヨーロッパでは、王様は神から任命されたのだという王権神授説の考え方があり、その後ルソーの社会契約論に移りかわります。

「万人の万人に対する闘争」という有名な言葉があります。政府がないと、人間はお互いに自分の欲望をむき出しにして、それこそ野獣のように争う世界になってしまうから、政府がそれをコントロールしなければいけないという考え方に基づいた言葉です。ただし、このホッブスが『リヴァイアサン』で書いた主張は民主化が始まる以前のもので、彼自身は人工的な国家が必要であることを主張したのであって、後の人からは、王権神授説擁護だという批判と、続いて登場する社会契約論の先駆けだという評価があるのだそうです。

それに対して、フランス革命前後から、市民が自分たちの権利の一部を政府に付託している、一種の契約状態だという社会契約論が出てきます。ここからヨーロッパでは、政府に必要以上に頼ることがないということをいう人もいます。では日本ではこういう思想がなかったために「お上」意識が抜けなかったのかというと、それには疑問があります。

日本でも、幕府なり朝廷なりがなぜあるのかを考えた系譜はあります。たとえば儒学者として有名な荻生徂徠は、「王道論」で幕府が存在することの必然

性を説いています。さらに、今の青森県の八戸にいた医者の安藤昌益は、身分制度があるのはおかしい、人間は元来皆平等である、幕府も朝廷もいらない、皆農業やって暮らせばそれで平和なのだ、という、今でいうアナーキズム思想を唱えていました。安藤昌益は、自分の思想は今は世に問えないから、100年後に出版してくれという遺言を残したそうです。このような話に興味がある方には、中公新書の『徳川思想小史』という本を紹介しておきます。1973年に出た本ですが、今読んでも新鮮な内容で、荻生徂徠や安藤昌益のほか江戸時代の思想家についてコンパクトにまとめています。

　日本人にあるといわれる「お上」意識に戻ります。私個人の意見では、日本人は政府を信用している、頼っているというよりも、諦めているのではないかと思います。庶民には一種の政治的アパシー（無気力感）があり、何をやっても変わらない、政治に期待しても無駄だ、と感じているのではないか。だから不満があっても愚痴をこぼすだけなのです。

2　市　　民

2.1　歴史用語としての市民

　今日のテーマは「市民」ですが、「市民」という言葉にも少し問題があります。

　まず「市民」の定義を確認します。「市民」という言葉には2つの使われ方があります。1つは歴史用語としての「市民」、もう1つは今生きている同時代の私たちを指すときの「市民」です。

　歴史用語としての「市民」の意味はわりとはっきりしていて、古代ギリシャのポリス国家に端を発する市民階級を指します。ご存じだと思いますが、ポリス国家には、ポリスの政治に参加する権利を持った市民と、そういう権利がない奴隷と、外国人、その3種類の人間が存在したということになっています。そして市民は成人男性のみで、女性は奴隷と同じ扱いだったといわれています。

19世紀くらいまでヨーロッパではギリシャ以来の伝統を引きずっていました。今のように男女の差別なく、また人種や職業、民族などに区別なく、誰でも政治に参加できるようになったのはおおむね20世紀に入ってからです。日本でも普通選挙が始まったのは1925年で、やはり20世紀的な現象です。

2.2　理想としての市民

歴史用語としての階級を指す「市民」に対して、今われわれが自分たちを呼ぶ「市民」という言葉に、少し問題があるのです。よく使われるのが、規範的な「市民」をイメージしての用法です。つまり現実に存在する人々のことではなくて、こうあるべきだという理想像を「市民」と呼ぶのです。

たとえば千葉市民、横浜市民という言い方をするときと、市民運動、市民社会、市民による○○、というときとではニュアンスが違います。市民による○○とか市民運動というときには、「市民」に理想を求めています。そういうニュアンスでいわれている「市民」は、少なくとも日本の戦後の政治学の分野では、労働者を指しています。労働者すなわち、労働力を売っている商品としての人間存在なのですが、労働力を売りながらも、身分や階級的な貧富の格差から解放されていると見なし、その自由・平等な個人という所に重きを置いています。

こういうニュアンスで「市民」という言葉を使っている政治学者の1人が松下圭一です。1929年生まれで、今はなき社会党の右派を応援していました。1970年代にあった、社会党・共産党が政権をとった革新自治体のブレーンだった政治学者です。

この人が1983年に、練馬市民大学という一般向けの講座で以下のように語っています。

　　（田吾作とは）水戸黄門に出てくる、愚痴っぽく涙ばかり流している人々。美濃部知事登場後、対話集会でも「美濃部さん、お願いします。お願いします。」といっている。助さん格さんが都庁の役人というところ。田吾作とは

差別用語ではなく、人間のタイプの問題であり、保守も革新も変わらず、越山会も前衛党も同じ政治イメージに支えられている、これが日本の「田吾作文化」(篠原一監、練馬市民大学編（1983）『市民の復権』中央法規、pp. 21-53)

松下圭一は東京都の革新知事だった美濃部亮吉のブレーンを務めていました。知事と都民の対話集会でも「美濃部さんお願いします、うちの前のドブが」という目先のことを訴えるだけの田吾作、そういう都民の現状に対して、もっと政治的に目覚めた自由で平等な「市民」が必要であり、また、そういう「市民」が新しい都政を作っていくのだと訴えたかったらしいのです。

ちなみにこの1983年の練馬市民大学で、1人の若手の政治家が以下のような面白いことを話しています。

　……政党の中の融和とかチームプレーとかだけを考えますと、外の国民的な反応を政党内部に反映させることができなくなるんです。……
　なかなか政党というものが、市民の普通の感覚の中に開かれてこないという状態があるわけです(篠原一監、練馬市民大学編（1983）、pp. 91-127)

政党が市民の普通の感覚の中に開かれていない状態があるということを喋っている政治家とは誰だと思いますか？　当時社会民主連合の副代表で、衆議院に当選1期目という若い政治家です。菅直人です。菅さんは市民運動家から政治家になって、こんなことを喋っていました。

菅は……もとい閑話休題、松下圭一のいう「田吾作文化」に対峙する、理想形としての「市民」や市民自治が、戦後日本の政治学の分野では語られてきました。

2.3　「市民」という言葉の変化

松下圭一のような社会党系の人たちが「市民」と政治をどう見ていたのか、もう少し追ってみましょう。

1971年に発刊された『市民』という雑誌がありました。編集方針は、「この雑誌は、日本の革新運動において決定的に重要な役割を果たすはずの自治体革新運動、とくに自治体市民運動の道しるべとなりたい」とあります。ここでは「市民」という言葉は革新と同じ意味で使われています。政治の世界で保守に対して革新の陣営にいる人たちが「市民」であるというニュアンスです。

この雑誌は、松下圭一はじめ当時のそうそうたる左翼の政治学者が執筆・編集していました。3年ほどで一度休刊し、その後、別の会社が引き取って第2次と続き、1976年に廃刊しています。

一方で、戦後、日本を含めて世界的に大衆社会になっていきます。さっきもお話ししたように、歴史的な市民階級がありましたが、その市民階級というものが溶けてなくなったというのが20世紀の流れです。

本来は市民階級と、その下にいた大衆すなわち労働者階級は別のものでしたが、差がなくなって、大衆が主役になる大衆社会が、世界的に到来したのです。

それを指摘した有名な著作がスペインの思想家オルテガによる『大衆の反逆』です。

> 「大衆」という言葉を……特に労働者を意味するものと解さないでいただきたい。……一つの社会階級をさすのではなく、今日あらゆる社会階級のなかにあらわれており、したがって、われわれの時代を代表していて、われわれの時代を支配しているような人間の種類もしくは人間のあり方をさしている（『大衆の反逆』白水社版、p.190）

これを先ほどの松下圭一の主張と重ねてみると、戦後日本で革新自治体運動が行われた時代には、実際に存在するのは、「美濃部さんお願いします、うちの前のドブが」というような、松下圭一の言葉でいえば「田吾作」のような大衆でした。そのときに革新陣営は、「市民」がいるはずだと、あるいは作っていかなければならないと考えていました。

冒頭で「市民」は「左翼」か？　という問いかけをして、なんとなく「市民」

には左翼的ニュアンスがあるといいましたが、それは、今お話ししたように革新陣営が「市民」がいるはずだと考え、革新運動を市民運動と呼んでいたことに原因があるのです。

　それに対して、1980年代末になると、欧米から新しい考え方が入って来ました。「civil society」という考え方です。

　civil society を「市民社会」と訳すことが多いのですが、この訳語は誤解を招きます。civil society とは、「自由な意思で結合される非国家的・非経済的団体」のことです。society の語には「社会」という意味のほかにクラブのような意味もありますが、ここではどちらかというと、クラブのほうを意味しています。「自由な意思で結合される非国家的・非経済的団体」は、今の日本でNPOといわれる団体とほぼ同義です。

　civil society が一番よく認知されている国はアメリカですが、非国家的、非経済的団体である市民の団体が各種の運動をしていると、ときには政治的な動きをしなければならない場合が出てきます。政治に足を突っ込まないと団体の目的が達せられないことが多々あるわけです。

　政治的な動きが必要になることから、アメリカでは、市民団体向けのロビー活動の手引書が出ています。たとえば、米ナショナルトラスト刊行の『*A Blueprint for Lobbying*（ロビー活動のための青写真）』があります。アメリカでも歴史的な建造物や遺跡の保存運動は盛んです。開発の圧力にさらされたときにどうやって残すか。守れといっているだけでは駄目で、政治的に動かなければならない時にどうすればいいかを解説したテキストです。

　ロビー活動というと怪しげなイメージをお持ちでしょうが、この本でも冒頭に、ロビー活動にはパイプの煙、隠し部屋、札束、ポンと背中をたたいて「ヨッシャ」という、そういうイメージがあるが、市民団体はロビー活動をやらなければいけない、ということが書いてあります。アメリカでもやはり後ろめたいイメージなのでしょう。

　この本は説明が実際的なところが面白くて、たとえば議員に電話をかけても秘書が出るだけだから駄目、メールは本人が読まないから駄目、手紙は簡潔に

書け、地元マスコミを上手く使え、などといったことがいろいろと書いてあります。800円くらいで、日本からでも買えます。

　そういうcivil societyとしてのアメリカの市民運動の系譜を見ると、今につながる市民運動の歴史は黒人差別と闘った1960年代に始まるといわれています。黒人差別をなくすために、黒人にも選挙権を、白人と同じ扱いを、という公民権運動をやった人たちは、その運動過程で目標を実現するテクニックを身につけました。公民権運動に携わった人たちが次に取り組んだのが、ベトナム反戦運動だといわれています。政府がやることに対して、それはおかしいのではないかと異議を突きつける運動をやる人たちが出てきたのです。

　それがやや変わってくるのが1980年代です。ネットワーキングという現象が出てきました。

　アメリカでもそれまでは、黒人公民権運動にしてもベトナム反戦運動にしても、政府に対してなんとかしろ、そんなことやるなと主張する、あるいは環境問題であれば企業に対して公害出すなとクレームを付けるという風に、相手に対して要求する市民運動が多かったのです。

　それに対して、1980年代から、たとえば環境問題であれば政府に規制を求めるとか、企業に出ていけというのではなくて、自分たちでエコロジカルな世の中を作る実践をしようという動きが出てきました。そして、個別にそうした新しい運動をやっている人たちが手を結びネットワークを作ることによって、今あるアメリカではない「もう1つのアメリカ」が実現するのではないかという考えがもたれるようになりました。そのような連帯に注目した『Networking（ネットワーキング）』というルポルタージュが1982年に出版されています。

　アメリカではこのような市民運動の流れがあるのですけれども、アメリカでいう市民権、citizenshipという言葉には単なる「参政権」以上のニュアンスも含まれているといわれています。

　三浦展という評論家がいます。『下流社会』とか『ファスト風土化する日本』という本の著者ですが、この人と西武百貨店の社長の座から追い出された堤清二とが対談した『無印ニッポン』という本に次のようなくだりがあります。

カリフォルニアのある街で、保守系の政治家がウォルマートを考える会の会長になっています。ウォルマートは、ご存じだと思いますが、日本でいえばイオン、イトーヨーカドーの類の大規模スーパーです。大規模なウォルマートの店が進出してくると商店街がだいたい潰れるので、アメリカの田舎では厳しい都市計画規制をしてウォルマートが進出できないようにしている所が結構あります。

三浦展は、このウォルマートに反対する運動をしている政治家に会ったときに、「ウォルマートができたら便利になるのではありませんか?」と質問しました。その政治家は、大型店ができると「citizenship が消えてしまう」と答えたそうです。ここでいっている citizenship は単なる選挙権、参政権を超えて、市民同士の助け合いとか連帯といったニュアンスが含まれている言葉として使われています。そういう社会で市民団体を意味する civil society という言葉と考え方が日本にも入ってきたのです。

そういう civil society の考え方を受けて、日本ではどういうことがいわれるようになったのでしょうか。1997年に『世界』という岩波書店刊行の総合雑誌に、政治学者の坂本嘉和が書いた文章があります。この文章はよく引用されるのですが、ここでも引いてみます。

> (市民社会とは)人間の尊厳と平等な権利を認め合った人間関係や社会を創り支えるという行動をしている市民を指しており、そうした規範意識をもって実在している人々が市民なのである。……自立的で自発的(ボランタリー)に行動する個人や、また行動をしていないが、そうした活動に共感をいだいて広い裾野を形成している市民をも含んでいる(『世界』1997年1月号)。

1990年代も終わりになっても、やはり「市民」は、「規範意識をもって実在している人々」だとされています。そんな市民が本当にいるのかと疑問に思いますが、そういうイメージで「市民」という言葉は使われています。「自立的で自発的(ボランタリー)に行動する個人」「行動していないが、そうした活動

に共感をいだいて広い裾野を形成している市民」をも含む「市民」です。

2.4 日本の市民運動

では、松下圭一たちが考えていたような理想形の「市民」とは架空の存在だったのでしょうか。政治的に目ざめて行動する個人というのはいつの時代にも存在しますが、第二次世界大戦後の日本社会では、冷戦と自民党政権という時代背景から、「社会を変えたい」「この問題を放っておけない」と考える人は、政府と対峙せざるをえず、そうなると非自民党ということで左翼側に近づくことが多かったようです。あるいは左翼と見なされる。一方で既成政党もそういう運動家を取り込むことを考えていましたから、社会的な問題を提起しようとする動きは、どうしても当時の社会党や共産党と関係してしまいます。

戦後日本の社会的な運動は大きくいって、反戦平和系と公害系に分けられます。うち反戦平和系で早くから動いていた大きな運動が、1955年結成の原水協（原水爆禁止日本協議会）でしょう。が、これはやがて保守系が離脱し、次に社会党系と共産党系に分裂します。

また日米安保を巡る1959年の反対運動は有名ですが、これも党派色に支配されたものでした。大学生や組合労働者たちは集会やデモへ参加に駆り立てられたものの、そういう「動員」ではない自発的な参加がどのくらいあったのかは、よくわかっていません。

1960年代後半になると、日本も含め先進国では大学生による社会運動が盛んになりました。安保反対運動や世界的な学生運動を背景に登場したのが、ベ平連（ベトナムに平和を！市民連合）です。ベトナム戦争は1960年代初めから始まっていましたが、1965年の北爆開始によって、世界的に反戦運動が起こります。日本でも1965年4月に、作家の開高健や小田実らがベ平連を発足させます。

ベ平連こそ、日本の市民運動を語るうえで外せない運動です。原水協や反安保が既成政党や新左翼に支配されていたのに対し、「ふつうの市民」に呼びかけた運動で、綱領もなければ会員制度もなく、その全体像が掴めないのです。また単に反戦の声を上げるデモ活動を行うだけでなく、市民の募金を集めて

ニューヨークタイムス紙とワシントンポスト紙に意見広告を出したり、脱走した米兵を匿って第三国へ逃したり、積極的な活動を行っていました。運動の初期には、アメリカの公民権拡大運動などから、非暴力・不服従という運動方針を学んでいたといわれています。

　もっとも、脱走米兵を国外へ逃すために、当時アメリカと対峙していたソ連から支援を受けたとか、次第に新左翼系のメンバーの声が大きくなりノンポリの人たちが離脱するなど、やはり当時の党派性からは逃れられなかったようです。とはいえ、1974年、前年にベトナム戦争が終結したことを受けて解散した後、このべ平連で運動方法を知った人々が、さまざまな社会問題を解決しようという市民運動に携わりました。

　日本の市民運動の系譜としてはもう１つ、公害系の運動があります。1967年の新潟水俣病訴訟、1969年の熊本水俣病訴訟などに代表される、公害被害者が政府と大企業を相手に戦うというものです。これらは、水俣など公害発生地の地域的な問題を超え、全国的な関心と支援を受けた運動になっていましたし、党派色はあまりありませんでした。

　社会学的な分類では、世界的・普遍的な問題に取り組むのが市民運動で、地域的・個別的な問題の解決を目指すのが住民運動というのだそうです。ただ、バッサリと分けられるものでもなく、公害問題などは一地域の問題であると同時に世界的な問題でもあります。その意味で、公害系の運動は、住民運動を超えて市民運動と呼んで良いでしょう。

　逆に、大きな社会的関心を呼びながら、市民運動にならなかったのが、1970年代の成田空港問題ではないでしょうか。空港予定地で建設に反対する住民を支援しようとした人たちも少なくなかったのですが、新左翼系の活動家が目立ち、暴力行為に走り、支持を失いました。ちなみに、成田と呼ぶか三里塚と呼ぶかでその人の政治的スタンスがわかります。1990年になっても、私は職場で「三里塚へ行かない？」と呼びかけられましたけど。

図4－2　雑誌記事見出しへの「市民」の出現率

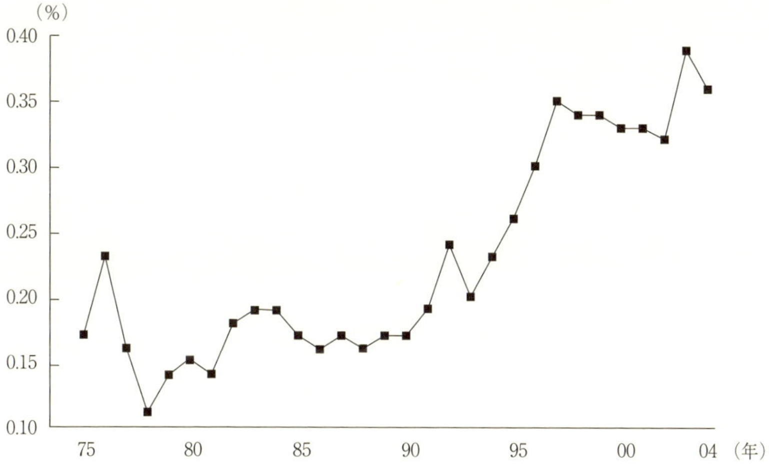

2.5　市民という言葉の使われ方

政治的に目ざめて行動する「市民」が架空の存在ではなく、市民運動に携わる人たちがいたのですが、彼らの運動から「市民」というイメージが作られたという側面もあるのではないでしょうか。

世界平和のために運動している「市民」がいて、書かれたものでは先に述べたように規範的な意味合いを込めて使われることの多かった「市民」という言葉が、どのぐらい人口に膾炙していたのかを見てみましょう。

戦後、「市民」という言葉がどれくらい使われているかを調査してグラフにしたのが図4－2です。

調査では、国会図書館のデータベースで雑誌記事のタイトルにどれくらい「市民」という言葉が出てくるかを調べました。記事の数そのものが年々増加する傾向にありますから、数だけ見ても駄目で、タイトルの総数に対する「市民」の出現率を取りました。

データは1975年から取っていますが、1995年から出現率が上がっています。1995年は阪神淡路大震災があった年です。この年までは日本人はボランティア

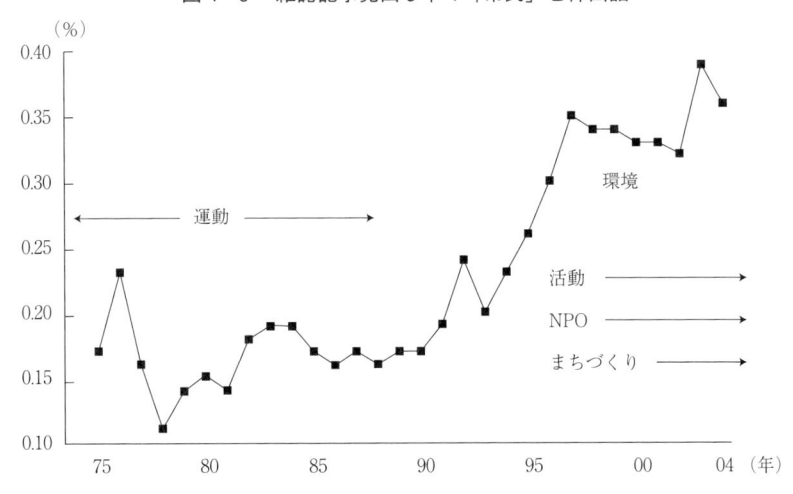

図4-3 雑誌記事見出し中の「市民」と伴出語

をしないといわれていましたが、阪神淡路の地震で、今宮城県や福島県に大勢ボランティアが行っているように、誰が声をかけたわけでもないのに被災地にボランティアが続々と集まりました。その年から「市民」という言葉もよく出てくるようになったのです。

図4-2は「市民」という言葉だけの出現率を見出しから追ったものですが、見出しには「市民」以外にも何かのキーワードが一緒に出ています。そこで、「市民」という言葉と一緒に見出しに出てくる言葉を重ねたのが図4-3です。

1995年までは、ずっと「市民」と「運動」が一緒に出てくる、つまり「市民運動」という言葉が多かったのです。ところが1995年以降は「まちづくり」、「NPO」、「活動」という言葉が「市民」という言葉と併出することが多いことがわかりました。

図4-3には載せていませんけれども、昭和30年代（1955～64年）についても調べたところ、「市民」という言葉と一緒に出てくる言葉で3番目に多いのが「革命」です。「市民」という言葉が「革命」という言葉と一緒に使われていた時代もあったようです。

第4章 市民と政府　103

　全期間を通じていちばんよく出てくるのは「社会」という言葉です。「社会」という言葉はコンスタントに出てくるのでグラフでは見せていませんが、だいたい3割以上の確率で一緒に出てきています。ワンポイントに登場する言葉では、1995年頃に一時「環境」という言葉が出てきています。そのほかには「参加」という言葉も時々出てきます。

2.6　市民運動から市民活動、NPOへ

　先ほどアメリカで出版されたネットワーキングのルポルタージュの話をしましたが、日本でも『ネットワーキング』と題して1984年に翻訳刊行されました。1980年代に『グラスルーツ』という雑誌がありました。㈳日本青年奉仕協会が出していた、もともと草の根の市民運動の人たちの情報を扱っていた雑誌ですが、1984年に『ネットワーキング』が翻訳されてから、ネットワーキング特集がちょこちょこ出てきます。日本でも話題になったということが見られます。

　ネットワーキングを知った日本の市民運動家たちの間でも、自分たちもお役所や企業に何とかしてくれといってばかりいては駄目だ、国際交流や子どもの問題や障碍者問題を、自分たちで解決するにはどうしたら良いのかを考えようという動きが出てきました。

　そのときに、役所や企業に要求や陳情をするのが今までの市民運動なら、自分たちで解決しようというやり方はそれとは違う、だから違う言い方をして区別しようということになりました。それで、市民運動ではなくて、「市民活動」という言い方をするようになったのです。

　役所や企業に要求する従来の市民運動は、松下圭一の言葉を借りると「田吾作文化」です。そうではない、自分たちで解決する、新しい「市民活動」だと名乗るようになったのです。

　こうして、1980年代半ばから日本でもそれまでの市民運動とは違う新しい動きが出てきました。ただあまり社会的には知られず、一部の動きにすぎなかったようです。阪神・淡路大震災が起きたのが1995年1月17日です。この年がボランティア元年といわれるように、日本でもボランティアをやる市民が、坂本

嘉和式にいえば、平等や人間の尊厳のために行動する人が出てきたのだと認識されるようになりました。

　それを見て、ボランティア団体のことを NPO とアメリカでは呼ぶことが知られるようになり（厳密には違うのですが）、日本でも NPO を創ろう、法人格をとろうという、ボランティアや NPO を法制化しようという動きが出てきます。

　政治家は世の中をよく見ています。本当かといわれそうですが、1995 年 1 月 17 日に起きた阪神・淡路大震災の後、翌 2 月の半ばには、当時の政府与党、自民・さきがけ・社民の野合政権といわれた連立政権の中に、ボランティアを法制化するためのプロジェクトチームができています。阪神の地震が起きて 2、3 日後には全国からボランティアが集まって活動しているのを見て、その活動をどう位置付けるか、1 カ月後には検討が始まったわけです。

　ところが、法律ができるのに 3 年かかりました。そのあたりの話も面白いのですが、今日のテーマではありませんからここでは触れません。神戸の大震災から 3 年かかってようやく市民活動促進法案が作られました。法案では「市民運動」ではなく「市民活動」の語が使われました。第 1 条で、「ボランティア活動をはじめとする市民が行う自由な社会貢献活動」を市民活動と呼んでいます。その活動を促進するために NPO に法人格を与えようというのがこの法律です。

　3 年近くかかって、1997 年の秋になって、与党の自・社・さきがけ、それから当時の野党が新進党から民主党になる頃ですけれども、あと公明党や共産党も、どこもだいたい良いかな、というところでトラブルが起きました。

　反対意見が出たのです。ボランティアは社会奉仕活動だ。市民活動と呼ぶのはおかしい。国民不在、わが国の国家観にそぐわない。市民というのは政府に盾突く人たちだろう、なぜその人たちの活動を促進するような法律を国が作るのか、という意見です。

　発言したのは村上正邦という、当時参議院の自民党幹事長だった人です。その後 KSD 事件で逮捕、裁判で有罪になって議員は失職しますが、当時は自民

党の保守派のまとめ役でした。ただ、本人の考えなのか、自民党の中の保守的な議員の中から出た意見をこの人が代表していったのかは不明です。

「市民活動」という言葉が引っ掛かって、3年も議論してきた法案が通らないのは困りますから、法律の名前を変えました。それが「特定非営利活動促進法」で、いわゆる「NPO法」として現在通用している法律です。

この法律をもう一度改正して、「市民活動促進法」に戻そうという法案が国会に付議されています。2011年の1月くらいから出ているのですが、東日本大震災があって、あのていたらくではひょっとするとこのまま廃案になるのではないかと、NPO関係の人たちは頭を抱えていたら、案の定、廃案になりました。

2.7 市民と「サヨク」

市民という語は、さっきお話ししたように、戦後日本社会では主として革新陣営とほぼ一緒の使われ方をしてきました。

では市民活動団体あるいはNPOは革新、「左翼」陣営なのかというと、必ずしもそうはいえません。たとえば、新潟県長岡市に山本元帥景仰会というNPO法人があります。山本五十六の遺品を集めたりしている団体ですから、およそ左翼のイメージは相容れません。また、NPO法人零戦の会という、零戦の乗組員だった人たちと遺族たちで作っている会があります。法人の目的には平和を謳っていますが、零戦の乗組員だった人に零戦の話を聞いて記録を残すというような活動をしています。

日本だけではありません。アメリカでも civil society には Ku Klux Klan が含まれます。Ku Klux Klan は、アメリカは白人の国である、黒人とか有色人種ででかい顔をするのは許せない、そういう奴らはリンチをすると主張する差別意識丸出しの団体です。過去には実際に黒人を殺したりしています。市民運動、市民活動、civil society という言葉のニュアンスとは矛盾するようですが、civil society として認めざるをえないという状況です。

このように、市民とかNPOとは必ずしも左翼ではありません。ですから規範的なニュアンスで「市民」という言葉をいつまでも使い続けることにはやや

問題があります。

2.8　新聞の市民好き、ウヨク嫌い

先ほど、雑誌記事見出しで「市民」がどのように使われてきたかを見ました。雑誌以上に人々の目に触れるであろう、新聞の報道ではどうでしょうか。おそらく人々の感覚を意識した使い方をしているでしょうし、逆に、新聞の報道に人々の意識が影響されているかもしれません。実際のところ、マスコミの各種用語の使い方を見ると、人々の意識が変わっても古いニュアンスで使い続けていたりします。

「市民」についても、マスコミは、なかなかそうした先入観から抜けないのです。その事例として、2005年に扶桑社が『新しい歴史教科書』を出版したときの新聞報道を見てみましょう。この『新しい歴史教科書』は、「自虐史観」に対抗して日本にもっと誇りを持とうという姿勢で編集された歴史教科書です。杉並区の教育委員会がこの扶桑社の教科書を採択しそうになった時に、抗議運動をした人々がいました。

このときどういう報道がなされたか、見出しをあげます（図 4 - 4）。

まず毎日新聞は「杉並区教委の教科書選定　扶桑社版、継続審議に反対市民ら（以下略）」で、「反対市民」です。産経新聞は扶桑社グループで右よりの新聞ですが、「(略) 杉並・教科書採択　抗議の中核派逮捕」とあります。読売新聞はうまく逃げて「賛否両論」とし、市民も中核派も出てきません。実態は、当時現役なのか元中核派なのか覚えていませんが、中核派の運動家が抗議運動の中にいましたが、普通の市民もいたようで、ですからどちらも間違いではありません。

ところが抗議をする人たちを表現するキーワードは、右翼の新聞は「中核派」、しかも逮捕されたという所になりますし、毎日新聞は左寄りの論調で、「反対市民」という言葉です。

結局、扶桑社の教科書は採択されました。そのときの東京新聞の見出しは、「『えーっ』反対派ため息　『つくる会』教科書　杉並が採択　『市民で戦う

図4-4　扶桑社歴史教科書採択を巡る各社の記事見出し

新聞	日付	掲載欄	見出し
朝日	8月5日	東京欄	教科書採択　杉並区教育委　12日に再度審議
毎日	8月5日	ワイド欄	とうきょう　杉並区教委の教科書選定　扶桑社版、継続審議に　反対市民ら傍聴券を求め五〇〇人
読売	8月5日	都民版	杉並の「つくる会」教科書継続審議　賛否両論「慎重期す」
産経	8月5日	社会面	扶桑社優勢で継続審議　杉並・教科書採択　抗議の中核派逮捕
東京	8月5日	東京欄	区民から不満。評価の声　杉並の教科書採択継続審議　反対派は警戒強める
産経	8月13日	1面	杉並、扶桑社を採択　歴史教科書　23区初　二二〇〇人使用
東京	8月12日夕刊	11面	「つくる会」の歴史教科書　杉並23区、来春から採択　「えーっ」反対派ため息　「つくる会」教科書　杉並が採択　「市民で戦うしか…」賛成派「教育の基本は愛国心」

しか…』」です。私は東京新聞が狙って書いたなら面白いと思ったのですが、反戦平和を求めて、戦争を賛美する教科書の採択に反対する運動にもかかわらず「市民で戦うしか…」という言葉にしてしまっているわけです。この東京新聞の記事の小見出しには「賛成派『教育の基本は愛国心』」とあるので、バランスをとったつもりなのでしょうが。

　東京新聞はどちらかというと左寄りの新聞といわれていますが、この例に見られるように「市民」という言葉を使うときは政治的に左寄りの人たちを指すという報道姿勢があります。

　マスコミ各社が扱いに困っているのは、ネットを主体とした右翼団体が出て

きたことです。たとえば「在日特権を許さない市民の会」という団体は、在日朝鮮人・韓国人には一般の日本国籍の人にはない特権がある、それが許せないと抗議活動をしている人たちだということになっています。

　この会の主張が事実かどうか私は知りません。私が気にしているのは別のことです。この人たちはデモや抗議活動をやっているのですが、ほとんど新聞などで報道されません。唯一報道されたのは、京都のある朝鮮学校が京都市の公園に隣接していて、その市の公園をグランド代わりに日常的に使っているのが不法占拠だと、この人たちが抗議活動をして、逮捕者が出たときです。そのときだけ小さな記事になったという点です。

　「市民の会」とあるとおり、この人たちは自称「市民」です。ですが誰が見ても左翼、革新系ではありません。新聞各社はこういう自称「市民」をうまく報道できない、はっきりいうと無視しているというのが今の状況です。

2.9　市民は社会を動かせるのか

　考えてみたいのは、「市民」は政治的に色を付けて使う言葉なのかということです。それからもう１つ、市民は社会を動かせるのか。

　市民が市民であることによって持つ権利、すなわち市民権が参政権のことであるならば、世界的な動きを理解しやすいでしょう。たとえば中東で起きているジャスミン革命です。これは、中東の国々が形式的には民主主義であっても、国民の声は政治になかなか反映されず、ほとんど独裁的な政治が行われている。それに対して一般民衆も政治に参加させろ、われわれの声を聞けという運動をしているのです。やはり市民権＝参政権として理解すると、理解しやすいでしょう。

　一方日本の状況はというと、日本は大衆社会になりました。大衆社会で皆が政治参加できるようになると、それだけ１票の重みが下がります。もし日本の政治を100人だけで決めているとしたら100分の１の声というのは大きい。ですが今の日本は、国民の数が１億3000万人ですから、7000万人か8000万人が選挙権を持っています。そうすると１票は7000万分の１の意見です。１票で何が変

わるのかという気分にもなるでしょう。

　そこではどうしても政治的な無関心や無気力が蔓延します。1人ひとりが声をあげても何も変わらない。けれども、では、本当に変わらなくて良いのでしょうか。おそらくアパシーに陥っている大衆の側も誰かに助けて欲しいと思ってはいるのでしょうし、そうした期待に応えたのが田吾作文化の水戸黄門だったのかもしれません。ただ、社会全体として、あるべき社会を考える人がいなければ社会も変わらないでしょうし、社会が変わらなければ、そういう人を求める声が出てきます。

　本来はそういう思いを委ね、動きを束ねるのは政党なのですが、市民が政治を委ねるべき政党の姿は、1980年代の昔から市民の普通の感覚の中に開かれてこないという状況にありました。そういっていた人が2010年には、どちらかというと左寄りの、市民サイドのはずの政党のトップになって、さて市民の普通の感覚の中に開かれたでしょうか。

　そういう政治に対して市民はどうすれば良いのでしょうか。政府に任せられない、だから監視して要求しないといけないという市民運動なのか、あるいはもう自分たちでやろうという市民活動なのか、そういう風に1980年代、90年代くらいから動きが出てきています。

2.10　プロ市民論

　市民運動にしても市民活動にしても、一過性のものばかりではありません。長く続けなければならないものがあります。けれども仕事を持っている人がアフターファイブや週末にだけ活動するのでは長く続けることは困難です。

　長く続けるには専従して活動するメンバーが必要になります。あるいは自ずと生まれてくるわけです。いってみれば「市民運動家」、変な言葉ですが市民運動をもっぱらやる人間が出てきます。

　市民運動家というと言葉がきれいですが、インターネットの巨大掲示板などでは揶揄として「プロ市民」という言葉が使われています。「プロ市民」はインターネットの巨大掲示板の造語ともいわれ、左翼系の市民運動を揶揄した

レッテル貼りで、良いニュアンスではありません。「市民運動で飯を食っている人」あるいは「自分が飯を食うために市民運動をおこす人」というニュアンスで使われています。

ただし、「プロ市民」という言葉は、鹿島市のホームページの中で佐賀県鹿島市の市長が、「鹿島市の総合計画の中で、これから求められる鹿島市の街づくりには、主体的に街づくりに参加するプロ市民が必要です」という言い方で使っています。この鹿島市での用法を初出と指摘するブログもあるのですが、そうした事実を知ってか知らずか、インターネットでは上述のようにサヨク運動家を揶揄する変な言葉になっています。

1997年に坂本嘉和の「市民」、「規範的な市民」についての言説が『世界』に掲載されたという話をしました。今喋った文脈でいうと、人間の尊厳と平等な権利を認め合った人間関係や社会を創り支える市民とは、まさに「プロ市民」、市民運動家でしょう。

そういう人たちが出てこないと社会は変わらないのです。一般大衆全員が、そこに参加するというのはなかなか遠い。全員参加が実現する「市民社会」が到来するかもしれないけれども、いつになるかわかりません。

2.11 右左より独立自尊

今や、かつて左翼といわれた民主党政権が与党で、かつて右翼といわれた自民党が野党になっています。自民党政権が長かったため、反政府を掲げる市民は反自民党であり、反保守であって、すなわち左翼・革新でしたが、もはやそのような構図はなくなりました。

旧来の対立構図はなくなっても、政府がしっかりしていないから何かを要求する市民はいます。そうした市民は政府の反対側にいるわけで、これまではたまたま左翼でしたが、左翼側が政権につくと、左ではなく右になります。そうすると、右翼的な市民運動というものは当然起こりうるわけで、もう右左という区別は意味がありません。

坂本嘉和がいうような、人間の尊厳と平等な権利を認め合った社会を創り支

える人たち、自立的で自発的に行動する人たち、そういう活動に共感を抱いている人たちというのは、別の言葉でいうと「独立自尊」の人たちということです。

「独立自尊」という言葉は、福沢諭吉の言葉です。ちなみに、「市民」という日本語を作ったのも福沢諭吉で、citizen の訳語でした。ただし福沢は、街に住んでいる人で農民ではない人に「市民」という語をあてていたのですが。

福沢諭吉は「一身の独立なくして一国の独立なし」と書いています。一身の独立とは、福沢諭吉によれば、経済的にも精神的にも自立している人です。色々なしがらみがあります、家であったり会社であったり地縁であったりしますが、そういうものに縛られて自分で考えられない、あるいは自分で考えても周りに流されてしまう、そういうことのない人こそ、一身独立、独立自尊であって、そういう人たちが出てきてこそ国の独立もある。このように福沢諭吉は書いています。福沢諭吉はおそらく日本で最初の近代人でしょう。

私は大学院が慶應大学だったのですが、慶應の大学院でのいちばんの収穫は福沢諭吉という人を知ったことです。慶應は変な大学です。先生は福沢諭吉１人、あとは皆同等で、私は慶應で非常勤を勤めていますが、たとえば私が授業を休講にすると張り出される休講の張り紙は「澤村明君　休講　何々のため」と書いてあります。福沢諭吉１人が先生で、あとは皆「君」付けなのです。

さて、「独立自尊」ですが、上野千鶴子の「おひとりさま」という言葉がしばらく前に流行りました。「おひとりさま」は独立自尊なのかというと、それは違います。2010年のキーワードは「無縁社会」でした。「おひとりさま」は今の社会を表す言葉になりました。

求められるのは独立自尊の人、あるいは社会を変えていこう、政治の世界へ出ていこうという人たちを育てること、支えることです。特に政治の世界では、出たい人より出したい人というのをどうやって育てていくかが課題です。

出たい人より出したい人の反例は多いですね。市民運動家で首相になっちゃった人、あの人も良くはいわれていない人でちょっと気の毒になってきたんですけれど、今回この話をするので色々調べたところ、本当に市民運動をやっ

ていたのかとまで疑われています（『週刊現代』2010年8月14日号）。あの人は日本の婦人参政権運動を引っ張った市川房江さんに引き立てられて政治の世界に出てきました。産経新聞の阿比留瑠比記者が取材したところでは、真偽不明ですが、市川さんも晩年はあの人を嫌っていて「私の葬式にはあの人は呼ぶな」といっていたそうです。

あの人は政治家になりたかった。政治家になったらトップに立ちたかった。そういうことで市民運動から入っていった人です。つまり出たい人でした。出たい人を出してしまったらどうなったかという良い見本でしょう。

独立自尊の人、経済的にも精神的にも自立している人は育てられるのでしょうか。大衆化した社会の中では、ひょっとすると、もう一度エリートをどうやって育てるのかということになってしまうのかもしれません。私は個人的にはエリート育成は良いとは思わないのですけれども、もはや全員が受けるような教育の中で独立自尊の人をつくるのは難しいかもしれません。

そうはいっても、日本人の政治参加は、先進国の中で比べると投票率は決して低くはないのです。イギリスやアメリカの、特に地方選挙の投票率はかなり低いそうです。

ですが一般的に、欧米人は投票に行かなくても、たとえば署名をするとか、日本でいう請願に名前を書くとか、署名を集める側にまわるとか、日常的に政治にコミットする人の割合が高いといいます。

日本の場合は、投票には行きますが、それ以上の、署名を集めるとか請願に名前を連ねるとか、そういうことは嫌がる人が多いようです。この辺を分析した政治学の論文も出ています。皆さんがそういうことが嫌なのであれば、それは市民運動家なりプロ市民にお願いしてやってもらわないと世の中は動きません。

2.12 地方から

世の中を変えたい、社会の矛盾を解消したいといっても、オールジャパンで抱えている問題、たとえば今の原発の問題などに立ち向かうのは、なかなか難

しいでしょう。身近なところから始めたほうが周囲も支えやすい。「地方自治は民主主義の学校」であると、20世紀初めにイギリスの政治学者がいっていますが、やはり地方自治から始めるのが簡単です。

1970年代に革新陣営が、国政ではなかなか与党になれないので、地方で革新自治体をつくって地方から日本を変えようという戦略をとりました。それで日本が変わったのかというとやや問題はあるのですが、少なくとも革新自治体が先んじてやった福祉政策や環境政策は、やがて自民党政権が取り入れて日本全体でやるようになったといえます。

革新自治体はその後新しい軸を打ち出せなくて支持を失ったというところがあるのですが、そうしたやり方で地方から社会を変えていくことはできたのです。おそらく身近なところからプロ市民を育てて支えることは可能でしょう。

日本の歴史上にも、当時のプロ市民、歴史的市民による政治は存在しました。戦国時代の大阪堺や奈良今井は有名ですが、江戸期の1768年にも今の新潟市で、町民が支配していた長岡藩に反抗して2カ月間町民自治をやった歴史があります。島根県の隠岐島では明治維新直前に数カ月自治を行った事例があります。地方で市民の主体的な政治参加をやる可能性が歴史的にはあるのです。

ただ、地方の「市民」の現状というのは、歴史的市民の残滓も見られ、政治学の人たちが夢見るイメージとは違うところもあります。

A市でB家という歴史的建造物を残したいという市民運動があって、私も手伝わされたことがありました。お屋敷も庭も、専門家に見せると、重要文化財にしてもおかしくないというほど立派なものです。持ち主が手放すことになり、なんとか残すために市に買ってもらおうという運動が始まりました。

お屋敷はA市の豪商の1人といわれた人がもともと持っていたもので、ですからいわゆる歴史的市民の持ち物でした。戦後はゼネコンが所有していたのですけれども。

市民運動はどういう人たちが参加しているのか、なかなかイメージを掴めないと思いますけれども、少なくともB家保存運動の主軸となった人たちは、主に地元企業経営者や医者や元国会議員秘書などエスタブリッシュメントの人

です。運動の対象がお屋敷と庭ですから造園や建築の関係者も入っていましたが、どちらかというと社会的に成功している人たちが主体でした。

　私は陰で旦那衆と呼んでいましたが、それには理由があって、会合が終わった後にたまたま60過ぎの2人が雑談していたのが聞こえたのです。「今年デビューした芸者、なんとかっていうのがいいよ」「そういえばなんとかっていう芸者はどうした？」、「ああ、あれね、なんとかさんがパトロンになって、卒業してどこそこに店を持ってるよ」などという話です。料亭で芸者を呼ぶようなことを日常的にやっているようでした。だから旦那衆であり、歴史的市民の残滓なのです。地元にはそういう人たちの人脈もあります。

　建物を保存するにはお金が必要です。売る方は3億で売りたいというのですが、そんなお金はありませんから市もおいそれとは買えません。結局はまちづくり交付金という補助金を中央政府からもらって購入したのですが、当初は市にお金がないなら募金をしようという話になりました。それで街角募金もやったのですが、旦那衆は、庶民の1000円、2000円の募金はどうでもいい、これから本格的に地元企業をまわって1口10万くらいで金を集める、そっちが本体だという言い方をするのです。そうは知らない街角を行く善意の人たちは募金してくれるわけです。なんだかちょっと騙しているみたいで、私はあまり気持ち良くありませんでした（結局1口10万円で集める話はなくなりましたが）。

　A市の市長個人は買いたいと考えていたのですが、A市は周辺町村と大きく合併して間がなく、このお屋敷がある地区に大金を使うと合併した他地区からクレームが出るのを気にしていました。それで、市民運動が盛り上がって、市が買ってくれという声が大きくなったら市もなんとかするということを、運動している旦那衆と話していました。

　市は補助金をとってめでたく購入できたのですが、買った後で市長は、「この運動はNPOと名乗らなかったから良かった。NPOといっていたら、役所に反対するような人たちにお金を使うことはまかりならん、と議会でいわれただろう」といったと耳にしました。

　今日お話ししたことを踏まえてみると、地方の現場では階級的なものが若干

残っている所があるのです。そういう社会では「市民」という言葉、市民活動、NPOという言葉に反行政、反政府のニュアンスを感じる偏見がまだまだ残っているといえます。

そうはいってもいつまでもそんなことはやっていられませんから、どうしたらいいのか皆で考えましょうというのが、今日の講義の趣旨です。

参考文献
植村邦彦（2010）『市民社会とは何か　基本的概念の系譜』平凡社新書
佐伯啓思（1997）『「市民」とは誰か　戦後民主主義を問いなおす』PHP新書
塩川伸明（2008）『民族とネイション』岩波新書
浜野喬士（2009）『エコ・テロリズム　過激化する環境運動とアメリカの内なるテロ』洋泉社新書
山口定（2004）『市民社会論』有斐閣

第5章　政権交代論

大西　潤

1　選挙制度

　この講座はこれまで経済学的な視点からのお話が多かったと思いますが、前回の「市民と政府」、それから今日お話しする政権交代の話は、若干経済から離れた話になります。そこでは民主主義が主題になります。
　小規模で住民に身近な政府、地方公共団体では、「参加」ということが重要なテーマとなります。これに対して今日のお話では、中央政府における代表民主政のあり方、言い換えると代表とは一体何なのかということについて考えます。
　政治にまつわる話をするというと、政局も混迷していますのでなにやら刺激的な話が出てくるのかと期待する向きもあるかもしれませんが、そういう話をするつもりはありません。もっと根本的な話、地味な話をします。
　本題に入る前に、「政権交代」をテーマに選んだ理由についてお話ししたいと思います。2009年8月の総選挙で政権交代が起こり、民主党政権(正確には、民主・社民・国民新党連立政権)が誕生しました。
　政治の大きな変化に国民も期待したと思いますが、なによりも興奮したのは政治学者たちでした。政権交代をテーマにした本が政治学者によって数多く出版されました。多くの本は政権交代を積極的に評価して、民主党政権における政治のあり方、あるいは政策の中身について注文をつけるというものでした。
　今回の政権交代は戦後政治の中での大きな転換点ですし、もちろん私もその意義を否定するつもりはありません。考えてみると小選挙区制の下で二大政党

制を実現して、政権交代可能な政治を創りだそうというのが、1990年代の政治改革の目標でした。またこれは、イギリス流の民主政治のモデルを日本で実現しようというものでした。

　ただ私は当時から、そうした考え方には疑問を抱いていました。私は現在、新潟大学経済学部で地方財政の担当をしています。しかし、もともとは法学部の出身で、役人です。1982年に旧自治省に入省し、1991年からしばらく衆議院法制局に出向して野党、特に社会党の政治改革関連法案の担当をしました。政治改革について、自民党側の議論、社会党側の議論と両方を聞くことができ、それはそれで非常に刺激的でした。しかし、選挙制度改革という民主政治の根幹に関わる問題が、与野党の政治的駆け引きの中で進められていくことには、少なからず腹立たしさを感じました。

　そこで今日は、1990年代の政治改革にも立ち戻りながら、一体全体これは良かったのかということについて考えてみたいと思います。

1.1　代表民主主義と選挙

　最初に、選挙制度について簡単な説明をします。

　まず、民主主義を定義します。民主主義とは、「集団の構成員すべてが集団の政策決定に参画する資格を平等に持つ」ということです。その意味では直接民主制が本来望ましいといえるのですが、中央政府レベルでは規模の問題から不可能です。だから代表民主制とならざるをえません。

　次に、選挙制度とは、「代表民主制における代表者を選出するしくみ」です。選挙制度をどのように設計するかが、政治家の政治生命や政党の勢力関係を左右しますし、また政治家や政党の日常的な政治活動のあり方にも大きな影響を与えます。

　選挙制度にはさまざまなものがあり、国によって異なっていますが、選挙制度を簡単に類型化したものが表5-1です。

　政治学では、選挙制度を多数代表制と比例代表制の2つに区分するのが一般的です。また、選挙区の区分として、選挙区定数が1名の場合を小選挙区制、

表5-1 選挙制度の分類

代表制＼選挙区	小選挙区制	大選挙区制
多数代表制	イギリス、アメリカなど	完全連記制
比例代表制		ドイツ、ベルギーなど

2名以上の場合を大選挙区制といいます。

　日本で長い間採用されていた衆議院の中選挙区制は、定数が原則として3名から5名でした。そこで、これは大選挙区制の一種であるとされます。ただし、単記式といって、定数が複数なのに1名にしか投票できません。その場合、代表の効果としては多数代表制と比例代表制の中間に位置付けられます。他の国には見られない日本独特の制度でした。

　以下では、多数代表制、比例代表制、それから両者の混合形態について見ておきたいと思います。

　(1) **多数代表制**　　多数代表制は、代表を選ぶ際に、それぞれの選挙区の多数派の意思が決定的となるように工夫された選挙制度です。逆にいえば、選挙制度によって人為的に多数派がつくりだされるということになります。

　基本的には、多数派の意思を共同体の意思と見なそうという考え方で、民主主義とは多数決の政治だという考え方です。大選挙区で定数と同数の名前を書かせる大選挙区完全連記制といった制度もありますが、イギリスやアメリカで採用されている小選挙区制が典型的なものです。

　そこで、小選挙区制をイメージして、そのメリット、デメリットについて考えてみます（**表5-2**）。

　まず、メリットですが、そもそもこの制度は多数派に有利な制度です。わずかな得票率の差が議席に反映されるために、政権の選択がなされて安定政権が築けるといわれます。他方、デメリットは、死票が多くなることです。少数派の得票が議席に生かされないために、少数派が議会から締め出されてしまうのです。

表 5-2　選挙制度のメリット・デメリット

選挙制度	メリット	デメリット
小選挙区制	大政党に有利→二大政党制→政治が安定しやすい	死票が多くなる→少数派の意見が議会に反映されない
比例代表制	死票が少なくなる→少数派の意見も広く議会に反映される	中小政党を排除しない→多党制→政治が不安定化するおそれ

(2) **比例代表制**　もう1つが比例代表制です。上の説明からもわかるように、多数代表制は国民が比較的同質的である国では妥当な制度であるかもしれません。しかしながら、社会の一体性が失われて利益とか価値の多様化が進んでいる国では適切ではなくなります。

たとえばヨーロッパなどの宗教、言語、地域などにより多種多様な集団が存在して、それを基盤に政党がつくられるような国を考えると、多数代表制では少数派は常に議会に代表を送れなくなってしまいます。これではかえって社会の安定を損なうことになります。だから、少数派も議会に代表を送り出せる制度として比例代表制が考案されました。

比例代表制は、それぞれの政党が獲得した得票率に応じて議席を配分する制度です。民意を鏡のように議会に反映させなければいけない、少数派を議会からシャットアウトするのは民主主義の観点から問題である、という考え方です。ヨーロッパでは一般的な制度です。

比例代表制にはいろいろな方式があります。というのは、比例代表制がある種の問題を抱えているためです。たとえば各政党が用意をした名簿に投票するようにすると、候補者の順番を政党が決めることになります。すると有権者は具体的に誰を選ぶかについてまったく関与できなくなります。そこで、有権者の指名をどうやって取り入れるかが問題になります。このため、拘束名簿式と非拘束名簿式の2つの方式があります。

拘束名簿式は、政党の作成した名簿にはじめから順位が記載されており、獲得議席数に応じて名簿の上の方から当選者が決定される方式です。非拘束名簿式は、名簿には順位が付けられていません。選挙時に有権者が政党名か候補者

かのいずれかに投票し、そのうえで政党の中での順位の決定は候補者の得票数の順でなされるという方式です。

それでは、比例代表制にはどのようなメリット、デメリットがあるのでしょうか。メリットとしては、何よりも死票を少なくすることができるということがあります。少数派でも議会に代表を送れるチャンスが多いということです。デメリットとしては、小党分立の傾向が生じて、連立政権をつくらざるをえなくなるので、政治が不安定になりやすいといわれます。

(3) **混合選挙制**　混合選挙制は、小選挙区制と比例代表制をミックスしたものです。代表的なものとして、小選挙区比例代表併用制と小選挙区比例代表並立制の2つがあります。

小選挙区比例代表併用制は、基本的には比例代表制です。有権者は2票を持って、1票を小選挙区の候補者に、1票を政党（名簿）に投票します。たとえば総議席数が500議席で、うち小選挙区が250議席だとすると、まず、全体の500議席を比例代表選挙における政党の得票に応じて政党に対して配分します。次に、当選者の決定については、小選挙区での当選者が優先され、残りが登載された順位に従って名簿から当てられていきます。この制度は、ドイツで採用されています。

あくまで制度の基本は比例代表制です。比例代表で政党に全体の議席を配分するけれども、その中に小選挙区制を組み込むことによって有権者の候補者に対する好みを反映させようとするものです。比例代表制と小選挙区制の両制度の良さを生かした非常にうまくできた制度だと思います。

もう1つが小選挙区比例代表並立制です。この制度は、小選挙区と比例代表の選挙をまったく独立した選挙として行うものです。したがって、並立制を採用する場合には、小選挙区部分と比例代表部分との比率をどうするかによってその性格がまったく異なったものとなります。小選挙区部分の比率を高めると小選挙区制に、比例代表部分の比率を高めると比例代表制に近づいていきます。政治改革の際に、日本はこの制度を採用しました。現在の衆議院議員の議席は、小選挙区300、比例代表180と、小選挙区の比重の高いものとなっています。

1.2　選挙制度と政党政治

　それでは、選挙制度は、政党政治にどういう影響を与えるのでしょうか。

　まず、政党システム（政党の数とか政党間の関係のこと）に対する影響について考えてみたいと思います。

　フランスの政治学者デュベルジェは、小選挙区制は二大政党制をもたらし、比例代表制は多党制をもたらすと主張しました。デュベルジェは、この法則を成り立たせるメカニズムとして、小選挙区制の持つ機械的要因と心理的要因を挙げています。

　機械的要因とは、大政党が過大代表されて、小政党が過小代表されるという、小選挙区制という選挙制度それ自体が持つ効果です。

　心理的要因とは、有権者の投票行動に与える影響のことです。小政党に投票した場合には死票となる可能性が高いので、有権者は次第に当選可能性のある政党に投票するように投票行動を変更します。その結果、小政党は選挙から弾き出されます。

　以上のようなデュベルジェの主張は、法則という言葉が妥当かどうかはともかくとして、実際にかなりの妥当性を持っていると考えられています。

　次に、選挙制度が政党組織のあり方にどのような影響を与えるのか考えてみましょう。

　たとえば、選挙で政党に依存して当選した議員は、選挙後も政党の方針に従順にならざるをえません。他方、選挙で政党に依存しないで自力で当選した議員は、選挙後も政党から自立性を保つことができます。

　選挙に際して有権者が候補者個人を選択基準として投票するか、政党を選択基準として投票するかは、選挙制度によって一定程度決まってしまいます。そして、有権者が候補者個人を選択基準とする個人投票の場合には、候補者が政党に依存する度合いが低くなるため、執行部の弱い分権的な政党になります。また、有権者が政党を選択基準とする政党投票の場合には、候補者が政党に依存する度合いが高くなるため、執行部の強い集権的な政党になります。

　具体的には、小選挙区制では政党投票への誘因が高くなるとされます。ただ

し、そうはいっても、議院内閣制か大統領制かによって有権者の選択は大きな影響を受けます。

イギリスのように議院内閣制の場合は、有権者は選挙において議員を選ぶに際して、政権を選択しようとします。したがって、政党への投票が行われる傾向が強いわけです。これに対して、アメリカのような大統領制の下では、大統領の選挙と議会議員の選挙は別々に行われます。したがって、議会議員の選挙は純粋に議員を選ぶ選挙となり、個人投票の傾向が強くなります。このため、イギリスでは政党の一体性が高く、アメリカでは政党の一体性が低いということになります。

それでは、比例代表制は政党にどのような影響を与えるのでしょうか。比例代表制では政党の名簿が前提になるので、政党に対する投票という色彩が濃厚です。なかでも拘束名簿式の場合は完全に政党への投票ですから、政党投票への誘因は強くなります。一方、非拘束名簿式の場合は個人の順位を選ぶので、個人投票への誘因が比較的強くなります。

以上のように、一定の政治制度の下でどのような選挙制度を選択するかが、政党政治のあり方に強い影響を与えていると考えることができます。議院内閣制を採用するわが国の場合についていえば、政治改革において中選挙区制から小選挙区制と拘束名簿式比例代表制とを組み合わせた並立制に選挙制度を変更したことは、政党の集権化を促進した可能性が高いことになります。たとえば、小泉純一郎が強いリーダーシップを発揮できたのも、単に彼の個性のためだけではなく、選挙制度改革を背景とした自民党の組織の変化にあったと考えることができます。

2　政治改革

2.1　選挙制度審議会の答申

次に、1990年代の政治改革を振り返ってみたいと思います。

戦後、衆議院議員の選挙制度として長い間中選挙区制が採用されてきまし

た。けれども中選挙区制は大きな問題を抱えていました。1990年4月にとりまとめられた第8次選挙制度審議会の「選挙制度及び政治資金制度の改革についての答申」の中で問題点の整理がされていますので、これに沿ってお話しします。

まず、中選挙区制では、自民党のように政権党を目指そうとすると、1つの選挙区で複数の候補者を立てざるをえなくなります。したがって、政党間の政策の争い以上に同じ政党の中の候補者同士の争いが激しくなります。その結果、国政上の政策論争よりも地元利益の誘導とか候補者個人をめぐる争いになります。

選挙戦を勝ち抜くために、候補者は自前の選挙組織、後援会組織を作って、有権者との個人的関係を強化します。また、派閥に属して派閥のリーダーからも援助を求めます。このようなシステムを維持するには巨額の政治資金が必要となります。

このため、1980年代末のリクルート事件以降、政治腐敗が大きな問題になりました。1990年代には自民党内でも政治改革が大きな課題になったのです。政治学者の山口二郎は、当時の自民党内の政治改革の議論には、考え方として大きく2つの流れがあったとしています。

1つ目が「政治浄化論」です。具体的には金権選挙をなくそうという主張です。そのために選挙違反の罰則を強化したり、政治献金の規制を強化したりしようというものです。

2つ目が「政治再編論」です。政治というのは清潔なだけでは駄目で、政治の質を高めるためには政治の主体と働きを変える必要がある、そのためには政治家が選ばれるしくみそのもの、選挙制度改革が必要だという考え方です。具体的には小選挙区制を中心にした制度に変えて、二大政党制の下で政策本位の政治を実現しようという議論でした。

このような当時の政治的文脈を踏まえ、選挙制度審議会の答申の中では、政治再編論を支持する論理が展開され、小選挙区制と比例代表制、並立制と併用制の比較検討がなされました。

答申では、民意の反映、政治における意思決定と責任の帰属の明確化、政権交代の可能性を重視すべきだといっています。これは小選挙区制のメリットです。また少数意見の国政への反映の必要も挙げていますが、これは比例代表制のメリットです。結論としては、安定政権の論理や政権交代の可能性を重視する立場から並立制が適当であるとし、さらに、小選挙区と比例代表の比率は6対4と、全体として小選挙区を重視する立場を示しました。

2.2 与野党の取り組み

当時の与野党の状況は次のようなものでした。

自民党内では当初は政治浄化論が主流でした。選挙制度改革にはあまり熱心ではなかったわけです。特に年配の有力議員たちは、派閥の勢力を弱めることから選挙制度改革には消極的でした。しかしながら1992年に東京佐川急便事件が起きると、政権に対する批判が強まり、党内は次第に分裂状態になっていきました。

社会党も賛成派と反対派とで党内が二分されました。かつての社会党の派閥は、左派対右派というイデオロギー対立を基本としたものでした。しかし、冷戦構造の終結後、次第に政策的な差異が縮小し、派閥は流動化していました。このため、社会党内の勢力が分散し、党執行部がリーダーシップを発揮するのは難しい状況となっていました。

また、1989年の参議院選挙で社会党が独り勝ちし、参議院で自民党の勢力は過半数を下回ることとなりました。このため、公明党や民社党はキャスティング・ボードを握ろうとして、自民党と社会党の間にあって両睨みするような姿勢を強めていきました。このような政治情勢の下で、野党内で連携することも難しい状況になっていました。

話を戻しまして、1992年9月、佐川急便事件で金丸信が起訴されます。その結果、国会内の議論にとどまらず、政治改革を求める世論が強まっていきました。

1993年6月、政治改革を実現できなかった宮沢喜一内閣に対して、野党が不

信任決議案を提出します。自民党内で羽田・小沢派がこれに同調した結果可決されてしまいます。こうして、政権交代は選挙制度改革を待たずして実現することになりました。

総選挙後に誕生した細川連立政権が、政治改革への取り組みを続けることになりますが、当然ながらそれぞれの党が自分に有利なように制度を持っていこうとしますから、交渉は難航しました。自民党はいかに小選挙区部分を増やすか、社会党や公明党はいかに比例代表部分を増やすかということで交渉しましたが、最終的には1994年1月に、小選挙区300議席、比例代表200議席の並立制ということで決着しました。

2.3　選挙制度改革のあり方

以上のように、選挙制度改革は、最終的には党利党略による妥協の産物ということで決着してしまったわけですが、ここでは本来に立ち返り、どのような選挙制度が望ましいのかを考えてみたいと思います。憲法学者の芦部信喜は、選挙制度の当否を考えるには、次の2点が大切だとしています。

1つ目が、「安定政権の論理」です。政治を安定させることを重視する立場です。この立場に立てば、小選挙区制は国民の意思を代表的な考え方に集約して二大政党制を促す、だから政治の安定につながるということになります。

2つ目が、「民主的代表の論理」です。国民の意思を公正かつ効果的に議会に反映させることを重視する立場です。この考え方からは、民意を鏡のように議会に反映させる比例代表制が望ましいということになります。

果たして、どう考えるべきでしょうか。私は当時、こういう問題は民主主義の原理に立ち返って議論すべきであると考えました。

最初に定義したように、民主主義とは国民のすべてが政策決定に参画する資格を平等に持つということです。そうであるならば、代表民主制における議会は、国民の間に存在する利益状況をできるだけ議会の場に忠実に反映するものでないといけないはずです。だから論理必然的に、選挙制度は比例代表制でないといけないと思ったわけです。

表 5-3 最近のイギリス総選挙の結果

党 派	2005年総選挙		2010年総選挙	
	議席数(議席率)	得票数(得票率)	議席数(議席率)	得票数(得票率)
労働党	356（55.1%）	955万（35.2%）	258（39.8%）	861（29.0%）
保守党	197（30.5%）	878万（32.4%）	307（47.3%）	1073（36.1%）
自民党	62（9.6%）	955万（22.1%）	57（8.8%）	684（23.0%）

　小選挙区制の最大の欠点は、第一党が過剰に代表されて、第二党以下が過小にしか代表されないことです。小選挙区制で過半数の議席を獲得した単独政権というのは、作られた多数派であることが多いのです。

　たとえばイギリスの総選挙を見てみてもそうなのですが、多くの場合、第一党は議席で過半数を取ります。ですが、得票率はたいていの場合半数に満たないのです。半数に満たない得票で過半数の議席を取る。だいたいイギリスではそうです。

　表5-3は最近のイギリスの総選挙の結果を示したものです。実は、イギリスは完全な二大政党制ではありません。労働党、保守党のほかに3番目に自由民主党がありますし、それ以外にも数多くの小政党が存在します。ただ、ある程度まとまった議席をとれるのはこの3党までです。それ以外の政党はだいたい1議席取れるかどうかです。

　2005年の選挙結果を見ると、労働党は、35%の得票で55%の議席を獲得しています。保守党は、32%の得票率で30%の議席しか獲得できていません。自民党は、22%も得票率があるのに10%くらいの議席しか獲得できていないのです。さらに、あと10%くらいの得票があるはずなのですが、この部分はほとんど議席が獲得できません。

　次は、2010年の選挙結果です。2005年当時は労働党が与党でしたが、2010年の総選挙で政権交代が起きて保守党が第一党になりました。保守党は36%の得票を得ましたが、議席の占有率は47%で過半数に至りませんでした。そこで結局、自由民主党と連立政権を組むことになりました。

表 5-4　最近の日本の総選挙の結果　　（単位：%）

		2000年		2003年		2005年		2009年	
		議席率	得票率	議席率	得票率	議席率	得票率	議席率	得票率
自民党	小選挙区	59.0	41.0	56.0	43.9	73.0	47.8	21.3	38.7
	比例代表	31.1	28.3	38.3	35.0	42.8	38.2	30.6	26.7
	計	48.5		49.4		61.7		24.8	
民主党	小選挙区	26.7	27.6	35.0	36.7	17.3	36.4	73.7	47.4
	比例代表	26.1	25.2	40.0	37.4	33.9	31.0	48.3	42.4
	計	26.5		36.9		23.5		64.2	
合計	小選挙区	85.7	68.7	91.0	80.5	90.3	84.2	95.0	86.1
	比例代表	57.2	53.5	78.3	72.4	76.7	69.2	78.9	69.1
	計	75.0		86.3		85.2		89.0	

　先ほど説明した安定政権の論理からすれば、小選挙区制を採用すると二大政党制が促され、政治の安定がもたらされるはずです。しかし、イギリスの例からもわかるように、小選挙区制が第三党以下に不利に働くとしても、小選挙区制だから論理必然的に二大政党制、単独政権になるわけではありません。また、比例代表制、多党制、連立政権が必ずしも不安定であるともいえません。

　アメリカの政治学者ドッドは、西欧17カ国の1918年から1974年までの177の政権を比較しました。そして、多党制下の連立政権が必ずしも短命なわけではない、50カ月以上継続した政権のうち約60%は連立政権であったとしています。

　それでは、次に、わが国の総選挙の結果を見てみることにします。日本でも1994年の改革で小選挙区制を中心にした選挙制度に改められました。では、日本でも小選挙区制の作用により、二大政党化が進んでいるのでしょうか。

　表5-4は、2000年、2003年、2005年、2009年の総選挙における、自民党、民主党、両党合計それぞれの小選挙区、比例代表の議席率、得票率を示しています。

　2005年と2009年とを比較すると、自民党と民主党との間で劇的な逆転が起こ

りました。両選挙での自民党と民主党の小選挙区における得票率、議席数を比較して見ると、得票率では10ポイント程度の差にすぎませんが、議席率で見る限り大きな差が生じていることがわかります。小選挙区制が、両党の議席数の差を大きく増幅させていることがわかります。

次に、両党の合計がどうなっているかに注目をしたいと思います。まず小選挙区の方を見ると、2003年の総選挙以降、議席率、得票率ともに、二大政党へ収斂する傾向が強く見られます。特に、小選挙区の議席率は、2009年には二大政党で95％を占めるに至っています。これに対して、比例代表では、二大政党への集中は比較的緩やかです。このことが全体の集中を緩和しているわけです。ただ、比例代表でも、2000年と2003年とを比較すると、2003年以降二大政党へ集中する傾向があります。

全体的に2003年の総選挙で大きな変化が起こっていることがわかります。実は2003年総選挙は、最初のマニフェスト選挙でした。これ以降国民は、選挙を政権選択として強く意識することになります。ですから、2003年から二大政党化が一気に進んだものと考えることができます。

以上お話ししたように、日本は完全な二大政党制ではありませんが、選挙制度改革の結果として、日本でも二大政党化は進んでいるわけです。

3 二大政党化と政党政治

3.1 政党の役割と機能

次に、二大政党化が私たちの政治的な選択に対してどのような影響を与えるのかを考えてみます。ここでは、政党とは何なのかということから話を始めましょう。

現代の政治は、民主政治であり、議会政治であるとともに政党政治でもあります。それでは、政党とはどのような存在なのでしょうか。政党とは、政治権力の獲得を目指す私的結社であるとともに、一国の政治の中で社会の部分利益の代表者でもあります。したがって、政党は本来私的な存在ですが、公的に重

要な役割を果たしています。

　それでは、政党は、民主政治の中でどういう役割を果たしているのでしょうか。政党の役割としては、次の4つがあるといわれています。

① 　政策形成機能
② 　政治家の人材発掘と登用
③ 　政治的指導者の選抜と政府の形成
④ 　政治教育

　この中で最も重要なのが「政策形成機能」です。現代社会ではさまざまな集団の利害が対立して複雑に絡み合っています。政治の役割は、公共的な問題における対立の調整を通じて政策をつくりあげていくことです。政党はその過程の中で重要な役割を担っているのです。
　政党の政策形成機能は、さらに2つに分けることができます。
　1つ目が「利益表出機能」です。これは、社会の中で個人や集団が持っている利益や意見を、政治問題として政治の場に取り上げて、政治過程に乗せる役割です。
　2つ目が「利益集約機能」です。これは、それぞれの政治問題を整理・集約して具体的な政策へとまとめる役割です。政党によるこうした機能が営まれて初めて、議会における政策形成が可能になります。
　他方で、政党は票を求めて競争を行う組織です。政策を提出して選挙で勝ち、政権与党となって政策を実現する、というサイクルを繰り返しながら、お互いに競争するわけです。政党間の健全な競争を引き起こすという意味で、このサイクルの中で政権交代が行われることが重要な意味を持ちます。
　もちろん、最近は政党が機能不全に陥っているという議論もあります。そこで、政治的な機能を補完する組織としての非政府組織や市民組織の重要性ということもいわれます。
　しかし、政策を全体としてパッケージにすることは、政党にしかできない役

割です。市民団体、市民運動やNPOはもちろん大切ですが、一般的には単一の争点を取り上げるだけであって、全体的な政策のあり方のパッケージを作ることはできません。そういう意味では、政治の中においては、補完的な役割を営んでいると考えざるをえません。やはり政党政治が活性化しないと困るのです。

3.2 政党組織

　政党とは、どういう組織形態をしているのでしょうか。ここでは3つの類型を取り上げたいと思います。

　第1の類型が、「幹部政党」です。これは19世紀に制限選挙の下で成立した最も古典的なタイプです。地主や企業家というような地域の有力者が支持者を集めて議員になります。こうした有力者が集まって政党をつくるというものです。

　幹部政党の場合、政党の活動は主に議会の中に留まります。それぞれの議員が独立した基盤を持っているので、政党構造は分権的で、結束力も弱いものになります。ヨーロッパの保守政党がこれにあてはまります。

　第2の類型が、「大衆政党」です。20世紀に入り、参政権が急速に拡大しました。そこで、従来組織化されていなかった一般大衆を組織化し、大衆の利益や意見を政治に反映させようとします。

　大衆政党は本部、支部のような組織が確立されていて、集権的で結束力も強いタイプです。これには左翼政党や革新政党があてはまります。

　第3の類型が、「包括政党」です。1960年代に入ると、社会が豊かになり「脱イデオロギー化」が進みます。そうすると、社会主義政党も革命路線を放棄するようになります。政党は特定の社会階層に支持層を絞り込むことをやめ、それよりも有権者全体の支持を取り込もうとします。

　包括政党については、一般的に政党の間の政策の差が小さくなる、あるいは穏健な政策を選択するようになるといわれています。

　次に、この類型を、55年体制下の日本の政党にあてはめてみます。

自民党は、もともと幹部政党です。共産党、公明党は大衆政党だと位置付けることができます。社会党は、個人の党員はあまりおらず、個人の党員よりも労働組合を基盤としていました。動員もそうですし、あるいはお金の面でも労働組合に依存する政党でした。そういう意味で、幹部政党と大衆政党の中間的な存在であると位置付けることができます。

　こういった中でいち早く包括政党に脱皮したのが自民党です。社会保障や補助金を活用することによって、都市部のホワイトカラー層や自営業者に支持基盤を広げたのです。このことは、結果として自民党の一党支配体制の強化につながりました。

　他方で社会党はなかなかイデオロギー体質から抜け出せず、次第に有権者の支持を失っていきました。

3.3　二大政党化の問題点

　すでに何度も出てきたように、日本では政治改革の結果、二大政党化が進んでいます。それでは、二大政党化によって、どんな問題が発生するのでしょうか。

　私たちは、政党を選択することによって、政党の提示する政策のパッケージを選択しています。

　多党制の場合は、それぞれの政党が有権者に対して多様な政策を示すことができます。有権者の分布によって政党の勢力の棲み分けがなされるのか、あるいは、激しく政党間で政策を競い合うかはわかりませんが、多党制では多様な政策が提示されることが期待されます。

　これに対して二大政党制の場合は、2つの政策しか示されません。国民にとっての選択肢が2つしかありません。また、2つの政党の間で有権者のシェアを争わないといけませんから、あまり極端な政策は出せなくなりますので、政策は穏健なものにならざるをえないのです。

　そこで、以下では、アメリカの経済学者ダウンズの「空間競争モデル」に基づいて、二大政党制の下で政党の政策がどのようなものになるのか考えてみま

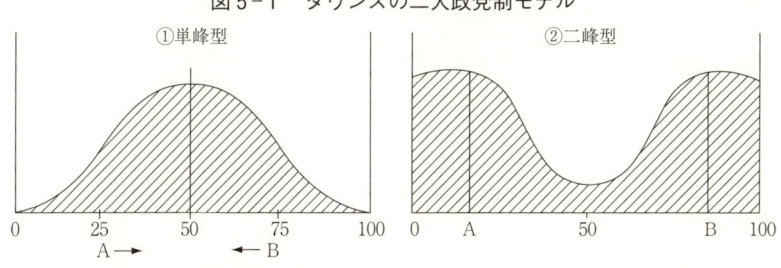

図5-1　ダウンズの二大政党制モデル

①単峰型　　　　　　　　　　②二峰型

0　25　50　75　100　　　　0　A　50　B　100
　　A→　←B

出典：ダウンズ（1980）『民主主義の経済理論』成文堂。

す。

　ダウンズは、政党とは「選挙で政権を獲得することにより政府機構を支配しようとする人々のチーム」であると定義しています。要するにゲームを、合理的に、行動する、そういう人たちだということになります。また、①政党は選挙における得票を最大化することを目標に行動する、②政党は合理的な行為者として得票を最大化するために有権者の分布に応じて政策的立場を変更するものだと仮定します。以上を前提とした場合、二大政党制の下で、政党はどういう行動を採ることになるでしょうか。

　図5-1は、ある社会における有権者のイデオロギー分布を表しています。図で横軸は左－右のイデオロギーあるいは政策的な立場を示しており、左端が0、右端が100です。また、縦軸は有権者の数を表しています。ここでは、有権者のイデオロギーの傾向が中道に寄っている①単峰型社会、有権者のイデオロギーの傾向が左右両極に分かれている②二峰型社会の2つについて考えてみることとします。

　まず、単峰型社会です。ここでは有権者の分布が中央に集中しています。

　2つの政党A、Bが存在し、当初の両政党の政策的立場が、A党が25の点、B党が75の点にあったとします。この場合、両政党がより多くの票を集めるためには、政策的立場を中央の方向に移動させていくことになります。そのことによって両端の有権者の支持を失うかもしれませんが、中央部分でより多くの

有権者の支持を獲得できるわけです。

　そうすると、両党の政策的立場は、どんどん近づいていくことになります。両党は、重複する有権者に対して、同じような政策を投げ込んでいきます。

　その時に政党が採るべき作戦としては、可能な限り政策的な立場を曖昧にしておくことが合理的だということになります。政策的立場を明確にすると、反対する人は投票してくれませんから、できるだけ立場を曖昧にしておくほうが有権者を取り込めるわけです。

　以上の結果として２つの政党の政策的な立場は類似したものになり、また、曖昧なものとなりますから、有権者は何を基準にして政党を選べば良いかわからなくなります。そこで、政策的な争点以外のもの、たとえば候補者の個性というようなもので政党を選択せざるをえなくなります。こういう状況の中では、政党の側としても政策以外のもの、たとえば日本では政権交代、与党批判、官僚批判などがありますが、そういうシンボルをめぐる競争を繰り広げることになります。

　次に、二峰型社会です。有権者が左右両極に近い２つの峰に多く分布する社会の場合は、両政党は政策的な立場を変更することなく、その位置に留まり続けます。中央方向に移動することによって得られる有権者の支持よりも、両端で失う有権者の支持の方がはるかに多いからです。したがって、両政党はイデオロギー面で大きく乖離した状態に留まることになります。

　こういう状況で政権交代が起きると、急激な政策の転換をもたらします。したがって、政策は不安定になり、民主主義は社会に混乱状態をもたらすことになります。

　要するに、単峰型社会では、２党の立場が接近し、安定的な二大政党制が成立しますが、２党の政策は類似し、違いの曖昧なものとなります。また、二峰型社会では、２党が激しく対立し、不安定な二大政党制になります。

　それでは、ダウンズの議論を日本にあてはめたとき、どのようなことが考えられるでしょうか。冷戦構造の終結した21世紀の社会では、体制の選択はもはや政治の争点にはなりえません。また、日本は成熟した豊かな社会であり、今

の2つのモデルでいえば単峰型の社会だといえます。したがって、今の日本では、二大政党のイデオロギーや政策は、中央に収斂する傾向を持つと考えることができます。

3.4　日本政治の問題状況

以上の議論を踏まえながら、日本の状況をさらに考えてみましょう。

政党政治において、政党は国民に対して政策のパッケージを提示します。私たちは、投票によって政策のパッケージを選択します。このときの政策選択の基準となるのが、ダウンズのモデルの横軸です。ここではこれを「対立軸」と呼ぶことにします。

対立軸としてどういうものがあるでしょうか。日本の戦後政治では、「保守」と「革新」という対立軸が重要な意味合いを持っていました。これは、たとえば憲法改正に対する姿勢であるとか安全保障、外交政策といったものについての対立です。

他方、欧米各国の戦後政治では、安全保障や外交政策はあまり重要な争点とはなりませんでした。それよりも、平等を重視して、政府による再分配によって積極的に格差是正を図ることを重視する立場をとるか、それとも、経済的自由を重視して、政府の社会に対する介入に消極的な立場をとるか、といった経済政策上の争点がより重要な意味を持っていました。要するに、「大きな政府」か「小さな政府」かの対立です。

政治学者の大嶽秀夫は、55年体制下の日本では、一貫して、防衛問題、天皇制、労働者のストライキ、憲法改正問題が保革の尺度をはかる最も的確な政策内容だった。他方、「減税か社会福祉か」といった経済政策は、保革を分ける争点とはなってこなかった。なぜなら、社会保障・福祉政策をめぐっては、革新政党も保守政党もともに福祉の充実を掲げ、保革の対立が存在しなかったからだ、といっています。

それでは、現在の日本政治における対立軸は何なのでしょうか。

現在の政治における対立軸が何なのか、自民党と民主党との間に政策的に明

確な違いがあるのかというと、正直なところよくわかりません。それがまさに日本政治の現状であり課題です。

山口二郎は『政権交代論』の中で、以上のような経済政策上の対立軸を自民党と民主党の関係に持ち込めないだろうか、特に民主党が再分配主義的な立場を確立できないだろうか、ということを書いています。

しかしながら、自民党と民主党の実態を考えると、果たしてそんなことが可能でしょうか。まず自民党について考えてみたいと思います。

お話ししたように、自民党はいち早く包括政党に脱皮して長期安定政権を築くことに成功しました。それは高度経済成長の果実を利用して、再分配政策を実現することができたからです。

自民党の中では、福祉や地方を重視する再分配主義者と、経済界と結びついた自由主義者が競争しながら共存してきました。

その意味で、小泉純一郎は自民党の中でも特異な政治家でした。小泉は再分配路線を明確に否定して、新自由主義に基づく構造改革路線を打ち出しました。規制緩和、民営化そして福祉と公共事業の削減です。小泉の構造改革路線は、大企業の経営者といった経済的なエリートにとってはありがたい政策かもしれませんが、一般大衆や弱者にとっては極めて過酷な政策です。

それなのになぜ、皆があれほど小泉さんを支持したのでしょうか。

小泉さんは「官から民へ」というキャッチフレーズで構造改革を進めました。官僚の支配する公共セクターを縮小して市場を活性化すれば皆が潤うではないか、と説明しました。でも本当のところは、官というのは公共のことです。つまり、再分配政策を縮小して、経済の自由を拡大しようといっているのです。

それはともかく、小泉さんは、国民の絶大な支持を獲得しました。そして、小泉政権を引き継いだ安倍、福田、麻生政権は、構造改革の負の遺産である貧困や格差の問題に苦しむことになります。

麻生内閣は、2008年12月、「持続可能な社会保障構築とその安定財源確保に向けた中期プログラム」を閣議決定します。小さな政府論から脱却し、財政再建と社会保障との調和を目指そうとしました。しかし時すでに遅く、国民の支

持を失った自民党政権は崩壊していきました。小泉は「自民党をぶっ壊す」といいましたが、自民党政権が崩壊した元凶は小泉にあったのかもしれません。

それでは、現在の自民党の性格はどういうものでしょうか。自民党の中でも、新自由主義者はあくまでも一部にすぎません。多くの再分配主義者を抱えています。したがって、基本的な体質はあまり変わっていないのだろうと思います。

次に、民主党について考えます。

民主党は、2009年の総選挙で「国民の生活が第一」をキャッチコピーとして掲げ、再分配的色彩の強い政策を打ち出しました。

民主党は、自民党系を中心にした保守系の政治家が中核部分を占め、そこに社会党右派や民社党などの比較的穏健な立場の革新勢力が合体した党です。したがって、本質的にいえば、小沢一郎のような再分配主義者が多いと考えられます。ただ、若手議員の中には官僚や上層ホワイトカラーの出身者が比較的多く、その中には新自由主義的な色彩の強い人もいると考えられます。

そうしたことから民主党の政策的な立場は、必ずしも明確なものではありません。鳩山内閣は消費税増税を否定し再分配路線を強調しましたが、菅内閣・野田内閣は社会保障と税の一体改革に路線を修正しています。小沢一郎の消費税増税批判にみられるように、党内はばらばらであると考えられます。

結論として、現時点ではどちらの政党も明確な政策的な立場を持っているとは思われません。また、二大政党制の下で政権党を目指そうとする以上は、包括政党化が避けられません。ダウンズのいうように、政策的な立場は収斂せざるをえないのです。

そこで登場するのが「劇場政治」です。冷戦終結後、すでにイデオロギーによって政治を正統化することは困難になりました。また二大政党化の下で政策の違いを示すことも難しくなってきています。

しかしながら、選挙において政党は争わないといけませんので、何らかの争点は必要となります。そこで劇場政治が進展するのだといわれます。政党は政策よりも党首の人気とか、「改革」というキャッチフレーズ、あるいは野党批判とか官僚批判、さらに政権交代とか政権選択、そうしたものをシンボルにし

て、それで選挙を戦うのです。

　民主党、自民党いずれもそうですが、広告代理店を使って党のイメージ戦略とか選挙戦略を進めています。政治はそういう風になってしまっているのです。

　本当にこれで良かったのでしょうか。二大政党制による政権交代が本当に「憲政の常道」なのか疑問に思えます。

4　民主主義の２つのモデル

　1990年代の政治改革は、「比例代表制→多党制→連立政権」ではなく、「小選挙区制（的性格の並立制）→二大政党制→単独政権（政権交代）」という選択肢を採用しました。それ以降、徐々にではありますが二大政党化が進み、2009年には政権交代が起こりました。しかし、政治の中身に対する期待、政策中心の政治、時代の変化に即応する政治が実現できたとは到底思えません。また、選挙制度改革によって人工的に政権交代可能な二大政党を作り出せたとしても、そのことによって政治の質を変えることができるとも思えません。本来、どのような選挙制度を選ぶかは、どのような民主政治を望ましいものと考えるかに関わってくる問題です。

　オランダ出身の政治学者レイプハルトの議論を基に、民主主義の２つのモデルについて考えてみましょう。レイプハルトによると、民主主義には「多数決型民主主義」と「合意型民主主義」の２つのモデルがあります。

　多数決型は、イギリスやニュージーランド（1993年選挙法により小選挙区制から併用制に変わったのでそれ以前の体制）、バルバドスで採用されていますが、世界的にみれば極めて少数派です。

　このモデルは、小選挙区制によって二大政党制を作り、選挙における多数派が単独政権を樹立して、権力を独占するというものです。基本的な考え方としては、多数派の意向にあった政治を行うことが、少数派の意向に配慮するよりも民主主義の考え方にかなうとする立場です。そこで、多数派の意向がストレー

トに実現されるように、権力が内閣執行部に集中されることになります。

　ここで考えないといけないのが排除の問題です。選挙によって人為的に多数派が形成されると、少数派は政策決定から排除されます。もちろん政権交代で多数派と少数派が入れ替わることはあるにしろ、第二党は一時的に排除されますし、第三党以下は恒常的に排除されてしまいます。この排除が何よりも問題です。

　そこで、ヨーロッパ大陸をはじめ大多数の民主主義国家では、もう1つの合意型民主主義が採用されています。

　多数決型のアングロ・サクソン系の諸国は比較的同質的な社会です。一方、ヨーロッパ大陸の諸国は、民族、宗教、言語などの差異によって分断された社会です。そのような社会で多数決型を採用すると、少数派は政治の場から恒常的に排除されてしまうのです。

　多くのヨーロッパ諸国では、社会の多元的な構成をそのまま反映する比例代表制が公正な制度であると考えられるようになりました。基本的な考え方は、民主政治を存続させるためには異質なものとの共存を認める価値観が重視されるべきであるというものです。

　合意型では比例代表制が採用され、多党制の下で連立政権が作られ、多くの政党（集団）が政権に参加します。さらに議会においては、権力が共有されて、多様な集団の間の調整と妥協によって問題解決が図られます。そこでは各集団（とりわけ少数派）の自律性が尊重されるとともに、政策決定に際しては、できるだけ多くの集団が参加し、多様な集団の間の合意形成が重視されます。これを実現するためには、集団のリーダーの役割が重要になります。各集団のリーダーは、民主政治を維持するためには相互に協調していくことが必要であることを認識し、敗者を作り出さないように合意形成していくことが必要となります。

　このような2種類のタイプの民主主義が存在するわけです。

　また、レイプハルトは、民主的な36カ国の政府のパフォーマンスを分析しています。それによると、成長率のような経済運営の面については両者にはあま

り差がありませんが、貧富の差、女性の政治進出、国政での投票率のような民主主義の質の面では、合意型のほうが優れていると指摘しています。ですから、政府の質という点では二大政党型の政治が優れているわけではありません。

　以上のようなレイプハルトの議論は、深刻な社会的亀裂を抱えるヨーロッパの小国をモデルとしたものであり、日本にどこまで妥当するのかについてはいろいろな議論があります。しかしながら、民主主義では多様な意見が政治の場に反映されるべきである、それが大事なのだとするならば、私には合意型が魅力的なものに思われます。

　もちろん、民主主義がいかにあるべきかについて、確立された考え方があるわけではありません。それは、最後は、各人の哲学の問題であるのかもしれません。

5　おわりに──選挙制度改革に関する若干の補足

　現在、衆議院において、選挙制度改革に関する与野党協議が進められています。2009年衆院選および2010年参院選において民主党や自民党は国会議員定数の大幅削減を公約として掲げました。また、2011年3月、最高裁は最大格差が2.30倍の2009年衆院選を違憲状態にあったとしました。このため、与野党協議では、①小選挙区の1票の格差の是正、②比例代表の定数削減、③抜本的な選挙制度改革の3点が話し合われています。

　まず、小選挙区の1票の格差是正の問題を考えてみましょう。

　衆議院議員選挙区画定審議会設置法は、選挙区割りの決定基準について、①選挙区間の人口の最大較差が2倍以上とならないことを基本とし、②各都道府県への定数配分については、まず1人を配分し（いわゆる「1人別枠方式」）、残りを人口比例により配分することとしています。

　最高裁の2011年3月23日大法廷判決は、2009年選挙時において、1人別枠方式は、投票価値の平等と相いれない作用を及ぼすものとして、憲法の投票価値の平等の要求に反する状態に至っていたものであり、したがって、同基準に従っ

て改定された本件選挙区割りも、憲法の投票価値の平等の要求に反する状態に至っていたものというべきであるとし、できるだけ速やかに 1 人別枠方式を廃止するよう国会に求めています。ただし、本件区割基準規定および区割規定については、合理的期間内における是正がなされなかったものとはいえず、憲法の規定に違反するものとはいえないとしています。

　この最高裁の判断に従い、1 人別枠方式を廃止したうえで現行の小選挙区300を人口比例で配分するためには、小選挙区で「21増21減」が必要となります。これに対して民主党や自民党は、大規模な改正は議員の反発が大きいことから、緊急避難的に最大格差を 2 倍以内に抑えるための小規模な改正案を提案しています。しかし、最高裁は、最大格差が何倍以内であるべきかという観点ではなく、1 人別枠方式の違憲性を問題にしているのですから、そのことを真摯に受け止め、格差是正に取り組むべきだといえます。選挙区割りの大幅な変更が議員に深刻な影響を与えるため、そのような改正が政治的に困難であるとするならば、そのこと自体が小選挙区制の欠点であるともいえます。

　次に、定数削減については、マニフェストに沿って、民主党は比例定数の80減を、自民党は比例定数の30減を主張しています。しかし、このような小選挙区の比重を高める改正は、大政党に有利となり、小政党にとっては死活問題となるため、公明党をはじめとする小政党は比例代表制を中心とする選挙制度に抜本的に改革すべきだと主張しています。

　選挙制度改革は政党間の利害がぶつかり合う問題ですので、簡単に合意が得られる問題ではありません。しかし、谷垣自民党総裁も2011年10月13日の記者会見で、「抜本的な選挙制度の改革を議論しなければならないという点については、私もそうだと思います。いろいろな観点がありますが、私は今の小選挙区を中心とした制度の弊害が表れています。あまりにも振幅が激しいということが、一つあると思います」と述べています。

　政権交代は実現しましたが、そのことによって政治の質が高まったといえるでしょうか。政治改革の功罪を改めて検証してみる良い機会ではないかと思います。

参考文献

芦部信喜／高橋和之補訂（2011）『憲法　第5版』岩波書店
石川真澄（1990）『選挙制度　ほんとうはどう改革すべきか』岩波書店
大嶽秀夫（1999）『日本政治の対立軸』中公新書
山口二郎（2009）『政権交代論』岩波新書
吉田徹（2009）『二大政党制批判論』光文社新書
A. ダウンズ（1980）『民主主義の経済理論』成文堂
A. レイプハルト（1979）『多元社会のデモクラシー』三一書房
A. レイプハルト（2005）『民主主義対民主主義　多数決型とコンセンサス型の36ヶ国比較研究』勁草書房
L. C. ドッド（1977）『連合政権考証　政党政治の数量分析』政治広報センター

索　引

あ　行

赤字国債……………………………64
新しい歴史教科書………………106
粗資本ストック…………………78
安定化機能…………………………11
安藤昌益……………………………92
市川房江……………………………112
一般会計……………………………25
一般政府……………………………25
NPO…………………………………96
NPO法（特定非営利活動促進法）……105
王権神授説…………………………91
欧州通貨危機………………………40
荻生徂徠……………………………91
オルテガ・イ・ガセット, J. ………95

か　行

外部効果……………………………7
過疎化………………………………82
完全競争経済………………………6
菅直人………………………………94
幹部政党……………………………131
寄与度………………………………63
空間競争モデル……………………132
経済的利益……………………70, 77
経常収支……………………………46
原水協（原水爆禁止日本協議会）……99
建設国債……………………………64
合意型民主主義……………………138
公共財………………………………7
公共事業……………………………61
公共投資……………………………62
公共投資の短期的効果……………74

公共投資の長期的効果……………74
公共部門……………………………27
公債残高……………………………84
厚生経済学の第一定理……………4
厚生経済学の第二定理……………4
拘束名簿式（比例代表制）………120
公的企業……………………………27
高齢化………………………………82
国債残高……………………………65
国民負担率…………………………14
混合選挙制…………………………121

さ　行

財政運営戦略………………………30
在日特権を許さない市民の会……108
再配分機能…………………………10
坂本嘉和……………………………98
資源配分上の機能…………………9
citizenship…………………………97
civil society………………………96
市民活動……………………………103
社会契約論………………………i , 91
社会資本サービス…………………67
社会資本の生産力効果……………74
社会保障と税の一体改革…………31
重商主義……………………………15
純債務………………………………59
純資本ストック……………………78
小選挙区制……………119, 126, 138
小選挙区比例代表併用制…………121
小選挙区比例代表並立制…………121
情報の非対称性……………………8
新成長戦略…………………………58
生産的資本ストック………………78

政党システム……………………………122
政党組織……………………………122, 131
政党の役割（機能）……………………129

た 行

大衆政党……………………………131
大衆の反逆……………………………95
対立軸……………………………135
多数決型民主主義……………………138
多数代表制……………………………119
中期財政フレーム……………………30
中選挙区制……………………………119, 123
貯蓄投資差額…………………………49
デュピュイ, J.…………………………77
デュベルジェの法則……………………122
動学最適化機能………………………12
独立自尊……………………………111

な 行

ネットワーキング………………………97

は 行

パレート最適…………………………4
阪神淡路大震災………………………101
東日本大震災…………………………i, 31

非拘束名簿式（比例代表制）……………120
費用便益分析…………………………72
比例代表制……………………………120, 126, 139
福沢諭吉……………………………111
双子の赤字……………………………47
プライマリーバランス…………………30
プロ市民……………………………88
Pay-as-you-go 原則……………………31
ベ平連（ベトナムに平和を！市民連合）……99
包括政党……………………………131
ホッブス, Th.…………………………i, 91

ま 行

松下圭一……………………………93
美濃部亮吉……………………………94

や 行

夜警国家論……………………………17
有効需要……………………………18

ら 行

リーマンショック………………………38
リヴァイアサン…………………………i, 91
リスクプレミアム………………………56
ルソー, J-J.……………………………i, 91

執筆者紹介
(五十音順、＊は編著者)

＊**大西　潤**（おおにし　じゅん）……………………………はしがき・第 5 章担当
新潟大学経済学部教授
専攻：地方行政・地方財政
主要業績：『地方公務員法』（共著、ぎょうせい、1993 年）

澤村　明（さわむら　あきら）……………………………はしがき・第 4 章担当
新潟大学経済学部准教授
専攻：NPO 論、まちづくり論
主要業績：『遺跡と観光』（同成社、2011 年）
　　　　　『文化遺産と地域経済』（同成社、2010 年）
　　　　　『まちづくり NPO の理論と課題　増補改訂版』（松香堂、2009 年）
　　　　　『草の根 NPO 運営術』（ひつじ書房、2006 年）
　　　　　『市民活動論』（共著、有斐閣、2005 年）

鷲見　英司（すみ　えいじ）……………………………………第 2 章担当
新潟大学経済学部准教授
専攻：公共経営論、公共選択論
主要業績：「地方財政格差」（上村敏之・田中宏樹編『検証　格差拡大社会』（日本
　　　　　経済新聞社、2008 年））
　　　　　『バランスシートで見る日本の財政』（共著、日本評論社、2000 年）

中東　雅樹（なかひがし　まさき）……………………………第 3 章担当
新潟大学経済学部准教授
専攻：財政学、計量経済学
主要業績：『日本における社会資本の生産力効果』（三菱経済研究所、2003 年）
　　　　　『公共投資の経済効果』（共著、日本評論社、1999 年）
　　　　　"The Role of Infrastructure in Economic Development", *The ICFAI Journal of Managerial Economics*, Vol. II, No. 2, pp. 7-24（共著、2004 年）

長谷川　雪子（はせがわ　ゆきこ）……………………………第 1 章担当
新潟大学経済学部准教授
専攻：マクロ経済学
主要業績：『行政と市民の経済分析　新潟のマクロ・CVM・NPO・まちおこし』（編
　　　　　著、新潟日報事業社、2009 年）

Horitsu Bunka Sha

〈政府〉の役割を経済学から問う

2012年7月25日 初版第1刷発行

編著者　大西　潤

発行者　田靡純子

発行所　株式会社 法律文化社
　　　　〒603-8053
　　　　京都市北区上賀茂岩ヶ垣内町71
　　　　電話 075(791)7131　FAX 075(721)8400
　　　　http://www.hou-bun.com/

＊乱丁など不良本がありましたら、ご連絡ください。
　お取り替えいたします。

印刷：西濃印刷㈱／製本：㈱藤沢製本
装幀：石井きよ子
ISBN 978-4-589-03443-4
Ⓒ 2012 Jun Onishi Printed in Japan

JCOPY　＜(社)出版者著作権管理機構　委託出版物＞

本書の無断複写は著作権法上での例外を除き禁じられています。複写される
場合は、そのつど事前に、(社)出版者著作権管理機構（電話03-3513-6969、
FAX 03-3513-6979、e-mail: info@jcopy.or.jp）の許諾を得てください。

高橋　勉著
「公民」が苦手だった人のための
現代経済入門講義〔第2版〕
A 5 判・144頁・1995円

度重なる政権交代、東日本大震災に原発問題、金融危機から世界同時大不況へ……経済現象の見方や考える筋道を、進行中の国内外の事象を素材に平易に解説。12回の講義と66の板書で「経済のストーリー」をつかむ。

大久保史郎・高橋伸彰編
日 本 は 変 わ る か !?
──転換の可能性を探る──
四六判・238頁・2310円

未曾有の変化が起こっている現代社会。混迷する世界と日本をどのように捉えればいいのか。次世代を担う若者や社会を支える雇用の展望をどうすれば描けるのか。私たちが期待する社会へ日本を変えることができるのかを問う。

後　房雄著
NPOは公共サービスを担えるか
──次の10年への課題と戦略──
A 5 判・216頁・2625円

「官から民へ」「中央から地方へ」という公的諸制度の大改革のなか、NPO法執行後10年を経たNPOセクターの到達点をふまえ、今後NPOは公共サービス提供の担い手になるべきであるとする著者の問題提起の書。

畑山敏夫・平井一臣編〔HBB+〕
実 践 の 政 治 学
四六判・240頁・2625円

パフォーマンスと世論重視の今日の政治だからこそ、「実践」の中身が問われている。政治を理解し、考え、活用して変えるための基礎知識と素材を提供。スローライフ論を盛りこみ、個人の意識やライフスタイルを問い直す。

五十嵐　仁著〔〈18歳から〉シリーズ〕
18歳から考える日本の政治
B 5 判・116頁・2310円

人びとの生命と生活を支えることが政治の核心であるとの認識にたって、政治とはなにか、戦後政治の変遷や仕組みなど、基礎知識を学ぶ入門書。政治と私たちとのかかわりを考え、政治をみる目を養う。

──── 法律文化社 ────

表示価格は定価(税込価格)です